JN010660

判例INDEX

被害者の素因別に見る
素因減額 300判例

第一法規「判例体系」編集部［編集］
伊藤　進 明治大学名誉教授［編集協力］

第一法規

本書のご利用にあたって

1　本書について

・本書は、素因減額に関する判例について、被害者の素因別に整理し、裁判所における素因減額率の傾向を確認することを目的とした書籍です。

・素因減額率のほか、判決要旨、評釈、上下審情報を収録していますので、判例調査のためのインデックス情報として活用いただけます。

2　収録内容

(1)　収録判例、判決要旨について

・収録判例及び判決要旨は、小社判例情報データベース「D1-Law.com判例体系」の「債権法Ⅱ」収録の判例・要旨を使用しています。

・各収録判例の書誌情報には小社判例情報データベース「D1-Law.com判例体系」の判例IDを付していますので、判決本文に簡単にアクセスすることができます。

(2)　素因減額率、被害者、素因について

・各判例における素因減額率、被害者、素因は、主要なものを取り上げていますので、判決文に記述があっても、本書では取り上げていない場合もあります。

・被害者、被害態様中の表記は、原則判決文及び要旨の記載に基づいています。

3　判例出典略語

・以下の略語を使用しています。

民集	最高裁判所民事判例集
判時	判例時報
判タ	判例タイムズ
交通民集	交通事故民事裁判例集
自保ジャ	自保ジャーナル
裁判所ウェブ	裁判所ウェブサイト

＜編集協力＞

伊藤　進（明治大学名誉教授）

小社判例情報データベース『D1-Law.com判例体系』「債権法Ⅱ」法編代表

目次

判例INDEX 被害者の素因別に見る 素因減額300判例

判例INDEX

第1 交通事故

I 精神的・心因的要因

》1. 神経症一般、心因的要因

001

千葉地裁平成20年9月29日判決［28153250］

◆交通民集41巻5号1304頁

〔一部認容、一部棄却〕

素因減額	80%

被害者	症状固定時50歳・男・雑貨等輸入販売・アルバイト・配送業務下請
被害態様	交通事故により受傷した頸椎捻挫の症状が遷延し、うつ病を発症
素因	被害者の心因的要素、統合失調症並びに本件事故前の既存障害
判決要旨	交通事故により受傷した被害者につき、本件事故による頸椎捻挫等の傷害治癒までに通常それほど長期間を要しないところ、症状が遷延し、うつ病を発症するに至った被害者の心因的要素、統合失調症並びに本件事故前の既存障害の影響にかんがみ、公平の見地から被害者の後遺障害逸失利益及び後遺障害慰謝料から80パーセントの素因減額をすべきと判断された事例。

002

名古屋地裁平成 18 年 10 月 24 日判決［28132192］
◆交通民集 39 巻 5 号 1455 頁
〔一部認容、一部棄却〕

素因減額	80%

被害者	38 歳・女・看護助手
被害態様	上肢のしびれ等を訴え、うつ症状が見られるようになり、四肢麻痺の症状を示すようになった事故
素因	心因性の素因
判決要旨	軽微な追突事故に遭った被害者が、上肢のしびれ等を訴え、うつ症状が見られるようになり、四肢麻痺の症状を示すようになった場合に、被害者の現在の症状と事故との間の因果関係は認められるが、被害者の症状については、心因性の素因が大きく影響しているとして、公平の見地から、民法 722 条 2 項を類推適用し、損害額から 8 割の減額がされた事例。

003

前橋地裁桐生支部平成13年10月16日判決[28070505]
◆判時1771号106頁／交通民集34巻5号1393頁
〔一部認容、一部棄却〕

素因減額	80%

被害者	55歳・男・造園土木会社取締役
被害態様	頸椎捻挫、腰椎捻挫等の傷害を負った被害者が自殺
素因	死亡までの間自己の行動を抑制する意思が存したこと、本件事故後の心身の不調の態様・程度、本件事故前の心身の状況、素因等の自殺についての影響、関与したとうかがわれる事情
判決要旨	交通事故により頸椎捻挫、腰椎捻挫等の傷害を負った被害者（55歳・男・造園土木会社取締役）が自殺した事案につき、同人には死亡までの間自己の行動を抑制する意思が存したこと、本件事故後の心身の不調の態様・程度、本件事故前の心身の状況、素因等の自殺についての影響、関与したとうかがわれる事情を総合斟酌し、損害の公平な分担の見地から、民法722条の趣旨を類推適用して損害額から8割の減額がされた事例。

004

大阪高裁平成 27 年 6 月 30 日判決［28234097］
◆自保ジャ 1954 号 1 頁
〔原判決一部変更〕

素因減額	70%

被害者	49 歳（症状固定時 51 歳）・男・失業者
被害態様	追突事故により脊椎損傷等の受傷をし、右上肢の用廃・右下肢の筋力低下杖なし歩行不可という後遺症が残存（後遺障害等級 5 級）
素因	被害者の心因的な要因
判決要旨	普通乗用自動車に乗車し信号待ちで停止中に普通貨物自動車に追突される事故により脊椎損傷等の受傷をした 49 歳男子について、右上肢の用廃・右下肢の筋力低下杖なし歩行不可という後遺症が残存したとして後遺障害等級 5 級の認定がされた場合に、この状態は事故のみによって生じたものではなく心因的な要因によると認定して、7 割の素因減額をした事例。
上下審	**第一審**：大阪地裁堺支部平成 26 年 3 月 14 日判決 / 自保ジャ 1954 号 23 頁［28234099］〔一部認容、一部棄却〕

005

大阪地裁平成26年2月4日判決［28223109］
◆交通民集47巻1号230頁／自保ジャ1922号19頁
〔一部認容、一部棄却〕

素因減額	70%

被害者	症状固定時32歳・男・会社員
被害態様	両下肢麻痺症状（後遺障害1級6号）
素因	心因的素因
判決要旨	交通事故により受傷した被害者の両下肢麻痺症状は、器質的損傷に基づくものではなく、ほかにその症状を説明できる要因が存在しないこと、自殺未遂、アルコール依存などの兆候があることから被害者の症状の長期化、重篤化については被害者の心因的素因がかなりの程度寄与しているとして、損害の公平な分担の見地から、民法722条2項を類推適用し、損害の70パーセントが素因減額された事例。

006

東京地裁平成8年10月30日判決［28030411］
◆交通民集29巻5号1559頁
〔一部認容、一部棄却〕

素因減額	65%

被害者	32歳・男・焼肉店経営
被害態様	外傷性くも膜下出血、脳挫傷、頭部外傷、右肘脱臼骨折の傷害を負った被害者が自殺
素因	心因的素因
判決要旨	1　交通事故により外傷性くも膜下出血、脳挫傷、頭部外傷、右肘脱臼骨折の傷害を負った被害者が、傷害の治療が完治していない段階で焼肉店の新規店舗開店の準備を始め、開店後思うように売上げが上がらなかったことなどから将来の見通しにつき強い焦燥感、不安感を抱き、そのために抑うつ状態に陥り自殺した場合に、交通事故と自殺との間の因果関係が認められた事例。 2　上記の場合に、自殺に至ったことには被害者の心因的素因が寄与しているとされ、その他被害者が治療を続けた場合、後遺障害が残存する蓋然性が高かったことなどから、民法722条2項を類推してその損害額から65パーセントの減額がなされた事例。
評釈	▶齋藤大巳・交通事故裁判の10年（判タ臨時増刊1033）133～137頁2000年8月

007

東京地裁平成６年７月28日判決［27827490］
◆判タ878号246頁／交通民集27巻４号1038頁
〔一部認容、一部棄却〕

素因減額	60%

被害者	症状固定時52歳・女
被害態様	神経症状
素因	心因的素因
判決要旨	1　交通事故により神経症状が発現した被害者（症状固定時52歳・女）の夫が、整形外科退院後神経精神科入院までの約１か月間、神経精神科入院中外泊許可を得て帰宅した約２週間及び神経精神科退院後１か月間、会社を休んで同人を付添看護しなければならなかった事案につき、夫固有の慰謝料として50万円が認められた事例。 2　上記慰謝料につき、被害者の神経症状は被害者の心因的素因も競合して発症したものであることを考慮して、過失相殺法理の類推適用によりその60パーセントが減額された事例。
評釈	▶湯川浩昭・交通事故裁判の10年（判タ臨時増刊1033）172～175頁2000年８月

008

神戸地裁洲本支部平成24年3月22日判決[28211523]

◆交通民集45巻2号379頁

〔一部認容、一部棄却〕

素因減額	50%

被害者	症状固定時43歳・女・美容師
被害態様	頭痛、右半身のしびれ等の様々な症状
素因	精神的心因要因
判決要旨	交通事故により、頭痛、右半身のしびれ等の様々な症状を訴える被害者につき、被害者の脳には著名な気質的変化が見られないが、その症状の一因として本件事故による器質性情緒不安定傷害を含む高次脳機能障害及び非器質的精神障害があり、被害者の症状と事故との因果関係が肯定されるが、被害者はもともと他人の意見に左右されやすく、ストレス耐性に弱い人格傾向を有していたと推認されること、本件事故は生命を脅かすほどの重大なものではなかったうえ、本人には事故時の記憶がないため、一般的に本件事故が事故後に被害者に生じたような症状を生じさせるものとはいえないことからすると、被害者の症状がここまで重くなった要因の1つとして、被害者の精神的心因要因が相当程度あったものとして、民法722条2項の類推適用により50パーセントの素因減額をするのが相当であるとされた事例。

009

東京地裁平成19年11月7日判決［28142319］
◆交通民集40巻6号1479頁
〔一部認容、一部棄却〕

素因減額	50%

被害者	症状固定時35歳・女・有職主婦
被害態様	障害等級併合6級の障害（左下肢の既存障害（RSD）が憎悪し、右下肢の症状（疼痛））
素因	本件事故による既存障害に対する影響についてはその寄与割合を考慮、被害者の心因性素因については過失相殺法理の類推
判決要旨	交通事故により障害等級併合6級の障害が残った被害者につき、症状は事故と被害者の心因的素因が競合して左下肢の既存障害（RSD）が憎悪し、右下肢の症状（疼痛）を発症させたものであるとして、既存障害に対する影響についてはその寄与度割合を考慮し、心因性の素因については過失相殺の法理の類推により、総損害額の50パーセントの減額が認められた事例。

010

神戸地裁平成11年9月13日判決［28052599］
◆交通民集32巻5号1386頁
〔一部認容、一部棄却〕

素因減額	50%

被害者	症状固定時39歳・男・無職
被害態様	体幹機能障害、両下肢機能障害等の後遺障害
素因	心因的素因
判決要旨	1　交通事故後、頸髄損傷等を原因とする体幹機能障害、両下肢機能障害等の後遺障害を負った被害者につき、被害者の心因的素因の寄与を考慮して、事故と被害者の症状との間の相当因果関係を5割の限度で認めることとされた事例。 2　上記の場合に、治療費、入院雑費、成人用おむつ費用は、事故と後遺障害との間の相当因果関係が5割もあれば発生が避けられない損害であるとして、これらの損害につき、減額が行われなかった事例。

011

大阪地裁平成9年6月27日判決［28032612］
◆交通民集30巻3号907頁
〔一部認容、一部棄却〕

素因減額	50％（後遺障害）、30％（入通院損害）

被害者	23歳・女・会社員
被害態様	治療の長期化及び後遺障害（精神障害、等級表5級2号）
素因	心因的素因
判決要旨	1　交通事故により下腿部にケロイド状の負傷痕を生じ、数度にわたる皮膚移植手術がなされたが今も手術の斑痕が残った被害者（23歳・女）に、後遺障害に起因する外傷性神経症が発生したことと本件事故との間に相当因果関係が認められた事例。 2　上記の場合に、被害者の治療の長期化及び後遺障害の発生については、被害者の心因的素因が大きく影響していると認められ、公平の見地から民法722条2項の法意に従い相当の減額をすることが相当として、後遺障害については総額の5割、入通院損害については総額の3割が減じられた事例。

012

広島高裁岡山支部平成24年5月31日判決[28210910]
◆自保ジャ1890号1頁
〔原判決一部変更、控訴棄却〕

素因減額	40%

被害者	症状固定時56歳・女・旅館勤務
被害態様	左額部・腰部の神経症状及びうつ症状の後遺障害
素因	心因的要因
判決要旨	交通事故により左額部・腰部の神経症状及びうつ症状の後遺障害を残した被害者につき、本件事故の内容並びに被害者の治療経過及び後遺障害の内容等から、被害者が後遺障害を残存させるに至ったことについては、被害者の素因ないし心因的な要因もかなりの程度で影響していたものと認められるとして、4割の素因減額が肯定された事例。
上下審	**第一審**：岡山地裁倉敷支部平成23年11月17日判決／自保ジャ1890号10頁［28210911］〔一部認容、一部棄却〕

013

大阪地裁平成24年3月23日判決［28181922］
◆自保ジャ1877号19頁／自保ジャ1889号12頁
〔一部認容、一部棄却〕

素因減額	40%

被害者	34歳・男・塾経営者
被害態様	心因性の疾患（うつ状態）
素因	精神的素因
判決要旨	普通自動車に追突されて心因性の疾患（うつ状態）の症状にある被害者（34歳・塾経営者）について、被害者に発生した損害は、本件事故のみならず自身の精神的な素因も影響した結果発症したというべきであるから、民法722条2項を類推適用して、4割の素因減額を行うのが妥当とされた事例。
上下審	**控訴審**：大阪高裁平成24年11月28日判決／自保ジャ1889号1頁［28210820］〔原判決一部変更、一部棄却〕

014

名古屋地裁平成19年11月21日判決［28142320］

◆交通民集40巻6号1499頁

〔一部認容、一部棄却〕

素因減額	40%

被害者	26歳・男・就職活動中
被害態様	うつ状態
素因	被害者の素因
判決要旨	交通事故被害者のうつ状態について、本件事故の態様に照らすと、被害者の素因による部分も多分にあるものと認められるとして、40パーセントの素因減額がされた事例。

015

東京地裁平成12年3月14日判決［28061293］
◆交通民集33巻2号523頁
〔一部認容、一部棄却〕

素因減額	40%

被害者	症状固定時62歳・男・マンション管理人
被害態様	頭部打撲、眼底出血、頸椎・腰椎捻挫等の傷害を負い、視力低下（等級13級1号）、視野狭窄（等級13級2号）、腰椎椎間板ヘルニア（等級12級12号）の後遺障害を残した事故
素因	心因的素因（治療の長期化の素因）
判決要旨	1　交通事故により頭部打撲、眼底出血、頸椎・腰椎捻挫等の傷害を負い、視力低下（等級13級1号）、視野狭窄（等級13級2号）、腰椎椎間板ヘルニア（等級12級12号）の後遺障害を残した被害者（症状固定時62歳・男）につき、同人には6、7年前の光凝固瘢痕（網膜中心静脈分枝閉塞症による眼底出血の際の処置）及びアルコール性肝炎の既往症があり、このために手術をしても視力が容易に回復しないという関係があるとして、上記既往症の寄与度が4割と認められた事例。 2　上記被害者が治療に1年7か月余を要したことにつき、治療の長期化には同人の心因的素因が寄与しているとして、治療費の関係で4割の減額がされた事例。

016

東京地裁平成7年7月18日判決［28020148］
◆交通民集28巻4号1077頁
〔一部認容、一部棄却〕

素因減額	40%

被害者	年齢不明・女
被害態様	右顎関節症
素因	心因的素因、前の事故による影響、被害者の治療態度
判決要旨	交差点において自動車と被害者搭乗の自転車との衝突の際に、被害者が数十センチ引きずられる間、左足を地面につけてふんばって体を支えたため、頸椎捻挫、腰椎捻挫で通院した被害者の右顎関節症については事故との因果関係が認められるものの、被害者の心因的素因、前の事故による影響、被害者の治療態度などを考慮して民法722条2項の類推適用により4割の減額がされた事例。

017

福岡高裁平成24年9月13日判決［28182445］
◆自保ジャ1882号22頁
〔原判決変更、附帯控訴棄却、追加請求棄却〕

素因減額	35%

被害者	症状固定時41歳・女・兼業主婦
被害態様	左下肢不全麻痺
素因	心因的要因
判決要旨	交通事故の被害者の左下肢不全麻痺につき、本件事故を契機として心因性による左下肢不全麻痺が生じたものであるとして、本件事故との相当因果関係が認められたが、本件事故の態様から、被害者のこのような損害は本件事故のみによって通常発生する程度、範囲を超えており、かつ、その損害の拡大について被害者の心因的要因が寄与していることは明らかであるとして、民法722条2項を類推適用して35パーセントの素因減額が肯定された事例。
上下審	**第一審**：【025】福岡地裁平成22年5月18日判決／自保ジャ1840号99頁［28174498］〔請求却下（2194号）、請求一部認容、一部棄却（3863号）〕

018

京都地裁平成 26 年 10 月 31 日判決［28231340］
◆交通民集 47 巻 5 号 1326 頁 / 自保ジャ 1939 号 14 頁 /
自保ジャ 1972 号 11 頁
〔一部認容、一部棄却〕

素因減額	30%

被害者	症状固定時 21 歳・男・大学生（事故後大学院卒業）
被害態様	非器質性精神障害
素因	心因的要因等
判決要旨	交通事故被害者の非器質性精神障害につき、被害者自身の心因的要因等、本件事故以外の要因が関与しているとして、被害者に生じた人的損害の内 30 パーセントが被害者の素因によるものとして減額された事例。
上下審	**控訴審**：大阪高裁平成 28 年 3 月 24 日判決 / 自保ジャ 1972 号 1 頁［28243107］〔原判決変更〕

019

東京地裁立川支部平成24年11月30日判決[28212089]
◆自保ジャ1896号137頁
〔一部認容、一部棄却〕

素因減額	30%

被害者	43歳・女・保育園保育士
被害態様	受傷部位は右肩痛・右肘痛であったが、最終的に後遺障害として項頸部痛、背部痛、右上肢しびれを認定
素因	事故によって発症したパニック障害による心因的要素
判決要旨	交通事故により受傷した被害者につき、受傷部位は右肩痛・右肘痛であったが、最終的に後遺障害として項頸部痛、背部痛、右上肢しびれが認定されたのは、被害者に事故によって発症したパニック障害が心因的要素となって他覚的所見を超える自覚症状となったのであり、損害の算定においては民法722条の趣旨を類推適用して3割の素因減額を認めるのが相当とされた事例。

020

新潟地裁平成24年10月30日判決［28211403］
◆自保ジャ1892号99頁
〔一部認容、一部棄却〕

素因減額	30%

被害者	年齢不明・女・看護師
被害態様	外傷神経症
素因	事故前から精神科的治療を継続して行っていたこと
判決要旨	交通事故の被害者の外傷神経症につき、被害者は本件事故前から精神科的治療を継続して行っていたことから、被害者の外傷神経症においても本件事故以前からの精神的症状が影響を及ぼしているといわざるをえないとして、民法722条2項を類推適用して3割の素因減額が肯定された事例。

021

東京高裁平成22年9月9日判決［28174608］
◆交通民集43巻5号1109頁／自保ジャ1832号1頁
〔控訴一部認容、一部棄却、附帯控訴棄却〕

素因減額	30%

被害者	31歳（症状固定日32歳）・男・プロゴルファーのキャディー
被害態様	脳幹部損傷の傷害を負い、神経系統の機能又は精神に障害を残し、服することができる労務が相当な程度に制限されるもの（9級10号）に該当する後遺障害を負った事故
素因	心的要因
判決要旨	交通事故により、脳幹部損傷の傷害を負い、神経系統の機能又は精神に障害を残し、服することができる労務が相当な程度に制限されるもの（9級10号）に該当する後遺障害を負った被害者につき、本件後遺障害を残存させるに至ったことについては、被害者の心的な要因もまたかなりの程度で影響していたものと認められるとして、3割の素因減額がなされた事例。
上下審	第一審：東京地裁平成22年2月23日判決／交通民集43巻5号1121頁／自保ジャ1832号2頁［28174609］〔一部認容、一部棄却〕

022

福岡高裁平成16年2月26日判決［28092158］
◆判時1860号74頁／交通民集37巻1号16頁
〔原判決一部変更〕

素因減額	30%

被害者	症状固定時29歳・女・主婦
被害態様	後遺障害（めまい、吐き気、抑うつ感等、9級）
素因	心因的要素
判決要旨	1　事故との間に相当因果関係のある損害であっても、事故によって通常発生する程度、範囲を超えるものであって、その損害の拡大について被害者の心因的要素が寄与しているときは、損害額を定めるにつき、民法722条2項を類推適用して、その損害の拡大に寄与した被害者の事情を斟酌することができる。 2　本件事故態様（追突）と被害者（29歳・主婦）が訴える障害の程度（9級）との間には著しい不均衡が認められ、また被害者の加害者に対する言動の内容からすると、現状のような過大なまでに重い後遺障害が発生したことについては、被害者の個人的な素因が深く関与していることが認められるとして、被害者の損害の30パーセントがその心因的要素が寄与した部分として減額された事例。
上下審	**第一審**：福岡地裁飯塚支部平成14年3月27日判決／判時1814号132頁／交通民集37巻1号29頁［28081227］〔一部認容、一部棄却〕

023

大阪地裁平成12年5月17日判決［28061757］
◆交通民集33巻3号857頁
〔一部認容、一部棄却〕

素因減額	30%

被 害 者	症状固定時57歳・女・主婦
被害態様	右橈骨遠位端骨折、右尺骨遠位端骨折の傷害を負い、外傷性交感性ジストロフィーを発症した被害者の治療が長期化
素　　因	心因性要素
判決要旨	交通事故により、右橈骨遠位端骨折、右尺骨遠位端骨折の傷害を負い、外傷性交感性ジストロフィーを発症した被害者の治療が長期治療となったのは、被害者の心因性要素が基盤にあることが認められるとして、損害の衡平分担という不法行為法の理念から、加害者の負うべき損害額から3割を素因減額するのが相当であるとされた事例。

024

名古屋地裁半田支部平成24年9月26日判決
[28213025]
◆自保ジャ1902号26頁
〔一部認容、一部棄却〕

素因減額	25%

被害者	症状固定時34歳・男・トラック運転手
被害態様	車両自体の損傷は軽微であり、被害者もすぐには治療を求めず、事故から約2時間後まで実況見分に立ち会ったこと、受傷から約2か月後症状が悪化し、治療をするも悪化していったこと
素因	被害者の心的素因あるいは安易に職務復帰したこと
判決要旨	交通事故被害者の損害賠償額の算定につき、車両自体の損傷は軽微であり、被害者もすぐには治療を求めず、事故から約2時間後まで実況見分に立ち会ったこと、受傷から約2か月後症状が悪化し、治療をするも悪化していったことから、被害者の症状が、本件事故のみによって通常発生する程度、範囲を超えるものであると認められるとし、損害の拡大について被害者の心的素因あるいは安易に職務復帰したことが寄与しており、損害の公平な分担という理念に照らし、過失相殺規定を類推したうえで、25パーセントの素因減額をするのが相当であるとされた事例。
上下審	**控訴審**：名古屋高裁平成25年6月21日判決／自保ジャ1902号12頁［28213024］〔原判決一部取消〕

025

福岡地裁平成22年5月18日判決［28174498］
◆自保ジャ1840号99頁
〔請求却下（2194号）、請求一部認容、一部棄却（3863号）〕

素因減額	25%

被害者	症状固定時41歳・女・兼業主婦
被害態様	左下肢不全麻痺等
素因	一定程度の心因的要因
判決要旨	軽四輪貨物車を運転中に加害者運転の乗用車に衝突され、左下肢不全麻痺等を負った被害者につき、左坐骨神経叢の器質的損傷をうかがわせる所見が存在するとして、本件事故との因果関係を肯定したが、左下肢不全麻痺の発生原因をすべて坐骨神経叢の損傷に求めることも困難であり、一定程度被害者の心因的要因が関与しているとして、民法722条2項の類推適用により、25パーセントの素因減額が行われた事例。
上下審	控訴審：【017】福岡高裁平成24年9月13日判決／自保ジャ1882号22頁［28182445］〔原判決変更、附帯控訴棄却、追加請求棄却〕

026

大阪地裁平成 14 年 5 月 9 日判決［28081917］
◆交通民集 35 巻 3 号 650 頁
〔一部認容、一部棄却〕

素因減額	25%

被害者	54 歳・女・パート、主婦
被害態様	頑固な疼痛やこれに伴う心身の不調（入院治療や長期間の通院治療）
素因	心理的要因
判決要旨	自転車に乗車中の被害者に加害車が微速で衝突した交通事故につき、被害者（54 歳・女）が右肩打撲、右膝打撲、外傷性頸部症候群等の傷害を負い、受傷以来頑固な疼痛やこれに伴う心身の不調が引き続いて存在した場合に、被害者の入院治療や長期間の通院治療、更にはこの間の休業損害や後遺障害による逸失利益の発生については、被害者の心理的要因が一定程度影響しているとして、損害の公平な分担の見地から、民法 722 条 2 項を類推適用し、過失相殺後の損害額から更に 2 割 5 分の素因減額を行うのが相当であるとされた事例。

027

大阪地裁平成10年3月19日判決［28041067］
◆交通民集31巻2号359頁
〔一部認容、一部棄却〕

素因減額	25%

被害者	50歳・男・広告制作、デザイン、セミナー・講演の開催等
被害態様	事故約4か月後から訴えた企図振戦等右手に関する症状
素因	心因的要因を含め他の疾患の併発
判決要旨	1　加害者が、被害者の症状は自律神経失調症によるものであると主張していることは、仮に因果関係が肯定された場合でも、素因減額の主張を黙示的にしているものと解するのが相当である。 2　交通事故により受傷した被害者（50歳・男・広告制作、デザイン、セミナー・講演の開催等）につき、星状神経節ブロックの効果がなかったことに照らし、企図振戦等の症状のすべてが外傷によるものと考えるのは合理的でなく、心因的要因を含め他の疾患が併発しているものと推認されるとして、過失相殺の法理を類推適用して、25パーセントの減額がされた事例。

028

京都地裁平成 27 年 11 月 4 日判決［28241468］
◆交通民集 48 巻 6 号 1345 頁 / 自保ジャ 1965 号 72 頁
〔一部認容、一部棄却〕

素因減額	20%

被害者	症状固定時 49 歳・女・主婦、パート（歯科助手）
被害態様	症状の遷延化、症状固定までの治療の長期化
素因	心因的要素（脆弱性）
判決要旨	交通事故により受傷した被害者につき、PTSD による入院治療歴があることなど、症状の遷延化には、被害者の心因的要素（脆弱性）が影響しているとして、長期化した症状固定までの損害については、損害の公平な分担の観点から、民法 722 条 2 項を類推適用し、20 パーセントの素因減額をすべきとされた事例。

029

大阪地裁平成24年6月8日判決［28210158］
◆自保ジャ1886号17頁
〔一部認容、一部棄却〕

素因減額	20%

被害者	症状固定時54歳・男・信用金庫職員
被害態様	非器質性精神障害等の後遺障害を負った事故
素因	被害者の素因（精神症状）のほか、職場などの環境要因等も影響し、今後の回復の見込みもあること
判決要旨	交通事故により非器質性精神障害等の後遺障害を負った被害者につき、後遺障害である非器質性精神障害には、被害者の素因のほか、職場などの環境要因等も影響し、今後の回復の見込みもあることからすると、被害者の損害につき本件事故の寄与した割合は全体として8割を超えるものではないとして、2割の素因減額をすべきであるとされた事例。

030

名古屋地裁平成17年7月13日判決［28111779］
◆交通民集38巻4号947頁
〔一部認容、一部棄却〕

素因減額	20%

被害者	年齢不明・女・ホステス
被害態様	継続的な疼痛等の自覚症状を訴え治療が長期化
素因	被害者の気質的な要因及び事故後に予定していた結婚式がキャンセルできずに受傷の治療と結婚式の準備が重なったこと
判決要旨	交通事故の被害者に、骨折等の異常はなく、明らかな神経学的所見も認められないにもかかわらず、継続的に疼痛等の自覚症状を訴えている場合に、被害者の治療が長期化したのは、被害者の気質的な要因が相当程度加わっていることに加え、事故後に予定していた結婚式がキャンセルできずに予定どおりに結婚式等を行うこととなり、それまでの間事故による受傷の治療と結婚式の準備が重なり、そのことが被害者の治療の長期化につながった面も否定できないとして、過失相殺の規定を類推適用して2割の素因減額がされた事例。

031

東京地裁平成14年7月17日判決［28072504］

◆判時1792号92頁

〔一部認容、一部棄却〕

素因減額	20%

被害者	36歳・女・外資系銀行役員秘書
被害態様	外傷性神経症の後遺障害
素因	心因反応を引き起こしやすい素因
判決要旨	父親の運転する自動車の後部座席に同乗していて交通事故に遭い、頸椎捻挫等の傷害を負って外傷性神経症の後遺障害が残った被害者（36歳・女・外資系銀行役員秘書）につき、同一事故を体験した家族に同様の症状が認められないことからすれば、右症状は被害者の心因反応を引き起こしやすい素因が寄与しているものと推認されるとして、損害の公平な分担という見地から民法722条2項を類推適用し、20パーセントの素因減額がされた事例。
評釈	▶加藤了・法律のひろば56巻2号73～80頁2003年2月 ▶村上貴昭・交通事故判例百選＜第5版＞（別冊ジュリスト233）124～125頁2017年10月

032

大阪地裁平成6年9月8日判決［28010659］
◆交通民集27巻5号1206頁
〔一部認容、一部棄却〕

素因減額	20%

被害者	35歳・男
被害態様	座っていると頸部が痛む、思考が落ちている、両眼が痛く、顔が腫れる、常時耳鳴りする、左下肢ほか各部位が痛むという自覚症状があり、苦痛がかなり強い等の後遺障害
素因	心因的素因
判決要旨	事故による愁訴の多くが心因的要因により無意識的に増幅されて自覚され、それに基づいて表現されたものと解され、症状の経過及び後遺障害は、通常の発生する程度、範囲を超えるものであり、その損害の拡大には心因的素因が相当程度寄与したものであるとして、当事者間の公平確保という損害賠償法理の理念から見て、民法722条2項を類推して、損害額の20パーセントが減額されるとされた事例。

033

名古屋地裁平成22年4月23日判決［28171734］

◆交通民集43巻2号544頁 / 自保ジャ1830号126頁

〔一部認容、一部棄却〕

素因減額	15%

被害者	症状固定時41歳・男・サーフショップ経営
被害態様	脊髄障害を負い、後遺障害として巧緻運動を呈する著しい機能障害、歩行麻痺が残ったことに加え、不眠、酒量の増加、抑うつ状態が出て、適応障害とする後遺障害診断書が出されたこと
素因	心的素因
判決要旨	追突事故の被害者が、事故により脊髄障害を負い、後遺障害として巧緻運動を呈する著しい機能障害、歩行麻痺が残ったことに加え、不眠、酒量の増加、抑うつ状態が出て、適応障害とする後遺障害診断書が出された場合に、心的素因減額として全損害の1割5分を減額するのが相当であるとされた事例。

034

高松高裁平成26年11月6日判決［28231462］
◆自保ジャ1940号70頁
〔控訴棄却（172号）、原判決変更（288号）〕

素因減額	10%

被害者	36歳（症状固定時40歳）・男・鍛鉄工芸職人
被害態様	全身打撲、RSD等の傷害を負い、併合11級の後遺障害を残した事故
素因	心因的素因
判決要旨	交通事故により全身打撲、RSD等の傷害を負い、併合11級の後遺障害を残した被害者（36歳、症状固定時40歳・男・鍛鉄工芸職人）につき、RSDの主要な客観的所見に乏しいこと、治療当初から処方薬の説明を巡り主治医の変更を求めるなど、相当のストレスを抱いていたこと等を考慮すると、心因的素因の影響を推認し素因減額を認めることが損害の公平な分担となるが、RSDが症状のすべてに関わってはいないことを考慮し、10パーセントの素因減額がされた事例。
上下審	**第一審**：高知地裁平成26年3月14日判決／自保ジャ1940号91頁［28231463］〔一部認容、一部棄却〕

035

大阪地裁平成26年5月13日判決［28224201］
◆自保ジャ1928号62頁
〔一部認容、一部棄却〕

素因減額	10%

被害者	事故当時42歳・男・土木作業員
被害態様	14級9号（併合14級）の神経症状
素因	心因の関与
判決要旨	1　交通事故の被害者の治療実費につき、治療の必要性を生じさせた原因に本件事故以外の要因が関与していて、その治療等の費用すべてを加害者に負担させることが著しく公平に反するといえる場合には、治療の相当性とは別の枠組みとして、素因減額ないし寄与度減責の法理によって、賠償の範囲を一定程度にとどめるべきであるとされた事例。 2　交通事故の被害者の治療費及び通院交通費につき、被害者に対して施された診療の内容が医学的相当性を明らかに欠き、医師に与えられた裁量を逸脱したものであると認定するに足りる事情は認められない一方、被害者の症状に対する心因の関与は、一般的な神経症状事案に比して相当に大きく、通常の神経症状事案における損害認定の枠組みのなかで評価しきれる範囲を超えているとして、一般的な神経症状事案の損害計算において、心因の関与はある程度織り込まれていることを考慮しつつ、10パーセントの素因減額が行われた事例。

▼

3　交通事故の被害者の素因減額につき、素因減額の直接の対象とするのは治療費、交通費の実費関係のみとし、休業損害、逸失利益、慰謝料については、項目ごとに素因の関与の度合いが様々であるので、素因減額によって一律の割合で調整をするのではなく、心因の関与の点を考慮要素の一部とする形で別途計算することとされた事例。

036

名古屋地裁平成16年10月22日判決［28102103］
◆交通民集37巻5号1422頁
〔一部認容、一部棄却〕

素因減額	10%

被害者	症状固定時32歳・女・主婦
被害態様	頸部捻挫等の傷害を負い、頸部痛やフラッシュバックに対する恐怖等の後遺障害
素因	心因的要因
判決要旨	交通事故により頸部捻挫等の傷害を負い、頸部痛やフラッシュバックに対する恐怖等の後遺障害が残った被害者（症状固定時32歳・女・主婦）に生じているフラッシュバックに対する恐怖の訴え等は、本件事故による心因反応であると認められるところ、被害者の心因的要因が影響して治療が長期化していることがうかがえるとして、10パーセントの素因減額がされた事例。

037

横浜地裁平成27年8月26日判決［28240405］
◆交通民集48巻4号997頁／自保ジャ1958号45頁
〔一部認容、一部棄却〕

素因減額	0%

被害者	25歳・男・自動車整備士
被害態様	頸椎捻挫であったのに、時間の経過とともに転換性障害に係る症状と考えられる症状が多彩・広範に生じてきたこと
素因	心因性の素因
判決要旨	追突事故にあった被害者が、事故による傷病名は頸椎捻挫であったのに、時間の経過とともに転換性障害に係る症状と考えられる症状が多彩・広範に生じてきており、被害者を診察した医療機関もこれらの症状が生じた原因として精神神経障害の可能性、事故に対する心因反応やメンタル的要素等が関係している可能性を指摘しているとしても、いずれも心因性等の可能性（疑い）を指摘するにすぎず、また、追突事故により被害者に与えられた衝撃の程度が必ずしも軽微であったとは認め難いことなどから、心因性の素因減額が認められなかった事例。

038

大阪地裁平成26年12月4日判決［28232080］
◆自保ジャ1943号97頁
〔一部認容、一部棄却〕

素因減額	0%

被害者	症状固定時46歳・女・自営業兼主婦
被害態様	交通事故により14級9号の後遺障害（外傷後ストレス障害）による治療の遷延化
素　因	心因的要因
判決要旨	1　身体に対する加害行為を原因とする被害者の損害賠償請求において、裁判所は、損害賠償の額を定めるに当たり、損害を公平に分担させるという損害賠償法の理念に照らし、民法722条2項の過失相殺の規定を類推適用して、損害の発生又は拡大に寄与した被害者の性格等の心因的要因を一定の限度で斟酌することができるものと解するのが相当である。 2　交通事故の加害者が、被害者の素因又は心因的要因による減額を主張したことにつき、本件事故の態様は住居兼店舗内に自動車が突っ込んできて室内を損壊させたという特異なもので、被害者が受けた精神的衝撃は相当大きかったものと推認されるうえ、被害者の訴える症状が同人の特異な性格に起因するとは考え難いこと、所期の治療効果が上がらなかった原因を被害者の心因的要因に求めるのは相当ではないし、治療経過にかんがみても、治療期間が不当に遷延化したといった事情は見いだせないことから、否定された事例。

039

京都地裁平成26年5月20日判決［28224197］
◆交通民集47巻3号636頁／自保ジャ1928号31頁
〔一部認容、一部棄却〕

素因減額	0%

被害者	症状固定時39歳・男・調理師
被害態様	事故後疼痛やしびれを訴え、後にうつ病とも診断され、その心因的素因による疼痛等の憎悪、後遺障害の労働能力喪失率以上の労働能力喪失
素因	後遺障害が心因的素因の原因とも評価しうるとされたこと
判決要旨	交通事故被害者が、事故後疼痛やしびれを訴え、後にうつ病とも診断され、その心因的素因による疼痛等の憎悪、後遺障害の労働能力喪失率以上の労働能力喪失が認められる場合に、被害者の後遺障害が素因により易発化・難治化したと認められないばかりか、同後遺障害が心因的素因の原因とも評価しうるとして、被害者の素因減額が認められなかった事例。

040

高知地裁平成26年3月14日判決［28231463］
◆自保ジャ1940号91頁
〔一部認容、一部棄却〕

素因減額	0%

被害者	36～37歳（症状固定時40歳）・男・鍛鉄工芸職人
被害態様	全身打撲、RSD等の傷害を負い、RSDによる右手甲の痛み等12級12号、併合11級の後遺障害
素因	精神的素因
判決要旨	交通事故により全身打撲、RSD等の傷害を負い、RSDによる右手甲の痛み等12級12号、併合11級の後遺障害を残した被害者（36～37歳・症状固定時40歳・男・鍛鉄工芸職人）につき、事故の7か月後には身体表現性障害、うつ状態等と診断されており、これらがその後の治療経過や後遺障害の残存等に相当程度影響したことは否定できないが、事故前に精神科等の通院歴はなく、事故に伴う精神的衝撃や事故後の激しい身体症状の継続等が心身に影響を与えた可能性も大いにあり、事故前から疾患に当たるほどの精神的素因を有していたとは認められないとし、素因減額がされなかった事例。
上下審	**控訴審**：高松高裁平成26年11月6日判決／自保ジャ1940号70頁［28231462］〔控訴棄却（172号）、原判決変更（288号）〕

041

神戸地裁平成26年3月7日判決［28223817］
◆自保ジャ1926号117頁
〔一部認容、一部棄却〕

素因減額	0%

被害者	症状固定時53歳・男・職業不明
被害態様	治療期間の長期化
素因	心因的要素
判決要旨	交通事故の加害者らが、被害者の治療が長期化したことには、被害者の心因的要素が寄与しており、その2割を減額すべきであると主張したことにつき、確かに、被害者は、長期間にわたって通院をしていなかったり、予約された通院日に通院をせず、キャンセルを繰り返したりしていたことが認められるが、これによって治療期間が不相応に長期化したとか、症状固定までに長期間を要したと認めるに足りる的確な証拠はないから、被害者の損害についてあえて素因減額をすることは相当といえないとされた事例。

042

佐賀地裁唐津支部平成25年2月12日判決[28213353]
◆自保ジャ1904号58頁
〔一部認容、一部棄却〕

素因減額	0%

被害者	25歳・女・美容関係
被害態様	14級9号の後遺障害
素因	心因的素因
判決要旨	交通事故の加害者による素因減額の主張につき、本件事故による被害者の傷害の部位・程度や本件事故の内容と比較して、被害者の訴える症状は非常に重いことから、被害者の症状や加害者側の対応等に対する不安感などの心因的要素が影響した可能性は考えられるものの、被害者の生活歴や年齢（事故時25歳）も考慮すると、心因的素因により減額すべき事情までは認められないとされた事例。

043

名古屋地裁平成 25 年 1 月 30 日判決［28211854］
◆自保ジャ 1895 号 46 頁
〔一部認容、一部棄却〕

素因減額	0%

被害者	症状固定時 22 歳・男・大学生
被害態様	高次脳機能障害（7 級 4 号）
素因	精神症状
判決要旨	交通事故により高次脳機能障害を残した被害者の損害賠償額の算定につき、被害者には事故前に精神面での悩みからメンタルヘルスクリニックにかかるなどしていたが、受診は 1 度のみであること、診断結果も睡眠時無呼吸症の疑いにとどまること、事故後大学に通学しているものの成績が低下し、友人関係を限定し、欠席なども多くなったことから、被害者の精神症状は本件事故に由来するものであり、素因減額の理由にはならないとされた事例。

044

東京地裁平成25年1月22日判決［28211859］
◆交通民集46巻1号78頁／自保ジャ1895号101頁
〔棄却〕

素因減額	0%

被害者	症状固定時57歳・女・飲食店勤務
被害態様	頸椎捻挫による後頸部痛等の神経症状の後遺障害
素　因	精神状態
判決要旨	交通事故により、頸椎捻挫による後頸部痛等の神経症状の後遺障害が残った被害者（症状固定時57歳）につき、被害者の脊髄又は脊髄神経根に本件事故の前から障害があり、これが被害者の治療の長期化や後遺障害の残存に寄与したと認めることはできず、被害者は抗うつ剤の処方を受けていたが、うつ病やうつ状態が疼痛の治療ないし緩和を遅らせるとの文献資料の記述も見当たらないことなどから、本件において、被害者の精神状態が治療の長期化や後遺障害の残存に寄与したと認めることはできないとして、素因減額がされなかった事例。

045

名古屋地裁平成26年10月15日判決［28230793］
◆交通民集47巻5号1284頁／自保ジャ1936号1頁
〔一部認容、一部棄却〕

素因減額	40%

被害者	症状固定時34歳・女・会社員
被害態様	後遺障害等級併合14級の後遺症
素因	事故前に抑うつ状態、事故後に統合失調症等の診断や治療を受けていたこと、損害の拡大には、被害者の心因的要因が寄与したこと
判決要旨	交通事故により後遺障害等級併合14級の後遺症を残した被害者（症状固定時34歳・女・会社員）につき、拒食症の罹患歴のほか、本件事故前に抑うつ状態、事故後に統合失調症等の診断や治療を受けており、損害の拡大には、被害者の心因的要因が寄与しているというべきであるとして、損害の公平な分担の見地から、民法722条の規定を類推適用し、4割の素因減額をするのが相当とされた事例。

046

名古屋地裁平成16年5月26日判決［28101238］
◆交通民集37巻3号658頁
〔一部認容、一部棄却〕

素因減額	40%

被害者	年齢不明・女・会社役員
被害態様	交通事故により発症した被害者の精神症状
素因	躁鬱的素因
判決要旨	交通事故により発症した被害者の精神症状につき、本件事故態様、被害者の受傷内容・程度、本件事故から精神症状発症までの期間等を総合勘案し、被害者の傷害の部位・程度が軽度であり、その精神症状の発症及びその後の治療に本人の躁鬱的素因が関与した結果、通常では可能性が極めて低い症状が発生したとして、民法722条2項を類推適用し、被害者の損害につき4割が素因減額された事例。

047

大阪地裁平成25年11月21日判決［28222192］
◆交通民集46巻6号1479頁／自保ジャ1918号43頁
〔一部認容、一部棄却〕

素因減額	10%

被害者	年齢不明・女・職業不明
被害態様	頸部捻挫、背部打撲
素因	うつ病及びパニック障害など心因的素因
判決要旨	交通事故により、頸部捻挫、背部打撲の傷害を負った被害者につき、被害者が傷害を負ったことないしその治療経過は、事故のみに原因があるのではなく、うつ病及びパニック障害など心因的素因が影響を及ぼしたものと認められるところ、うつ病の治療経過、後遺障害の程度、損害額全体が加害行為に比較して損害の均衡を著しく失するほど大きいとはいないことなどからすれば、心因的素因による減額は、損害の公平な分担の見地から、全体の１割とするのが相当であるとされた事例。

048

大阪地裁平成25年9月24日判決［28220958］
◆自保ジャ1913号49頁
〔一部認容、一部棄却〕

素因減額	0%

被害者	症状固定時42歳・男・不動産仲介業自営
被害態様	右手拇指、頸部、左足関節の各神経痛という後遺障害
素因	うつ病、痙攣を伴うてんかんのほか複数の傷病を発症し、大量の飲酒、喫煙の継続
判決要旨	交通事故により被害者に生じた損害賠償額の算定につき、被害者はうつ病、痙攣を伴うてんかんのほか複数の傷病を発症し、大量の飲酒、喫煙を継続していた事実が認められるものの、右手拇指、頸部、左足関節の各神経痛という後遺障害に照らせば、これら症状や生活態度が被害者の負傷の程度や症状の増悪に影響を与え、また、損害を拡大させたとは考え難いため、素因減額は認められないとされた事例。

049

大阪地裁平成25年6月28日判決［28220529］
◆交通民集46巻3号842頁／自保ジャ1911号91頁
〔一部認容、一部棄却〕

素因減額	0%

被害者	症状固定時56歳・男・会社役員
被害態様	左踵骨骨折等の外傷を負い抑うつ状態となった事故
素因	抑うつ状態の治療
判決要旨	1　交通事故により左踵骨骨折等の外傷を負った被害者が、抑うつ状態となった事案につき、身体疾患の経過中に抑うつ状態を来すことはありうることであることや、事故による外傷の治療中に入院が長引いて不安になって抑うつ状態を発症したものであって、本件事故との因果関係はあるといえること、B病院での入院治療は主として外傷治療が目的であり、抑うつ状態の治療はそれと並行して行われたにすぎないことなどに照らせば、B病院で行われた抑うつ状態の治療については、素因減額するまでの必要性はないとされた事例。 2　前記被害者が、その後、うつ病相が再発してD病院への入院を要する事態にまでなったことにつき、D病院での入通院治療については、被害者の心的要因や被害者側の事情（職場環境要因）も関与していると考えざるをえないとして、本件事故の寄与は5割と認めるのが相当であるとされた事例。

050

横浜地裁平成 24 年 2 月 27 日判決［28210807］
◆交通民集 45 巻 1 号 255 頁
〔一部認容、一部棄却〕

素因減額	0%

被害者	症状固定時 49 歳・男・会社員
被害態様	頸椎打撲捻挫兼外傷性頸椎症、胸部腰椎打撲捻挫の傷害を負い、頸部痛等のほかに抑うつ状態により入通院
素因	うつ病
判決要旨	うつ病により休職中の者（症状固定時 49 歳・男・会社員）が、交通事故により、頸椎打撲捻挫兼外傷性頸椎症、胸部腰椎打撲捻挫の傷害を負い、頸部痛等のほかに抑うつ状態により入通院した場合に、事故当時被害者がうつ病で治療中であったことは、各損害費目の算定上考慮したので、全体に対して素因減額をする必要はないとされた事例。

051

大阪高裁平成 24 年 6 月 7 日判決［28182130］
◆判時 2158 号 51 頁 / 民集 69 巻 3 号 488 頁 / 家庭の法と裁判 2 号 50 頁
〔原判決一部変更〕

素因減額	50%

被害者	87 歳・男
被害態様	自動二輪車を運転して小学校校庭付近の道路にさしかかった高齢者が、校庭から飛び出してきたサッカーボールの影響で転倒して負傷し、その後死亡
素因	脳病変（右慢性硬膜下血腫）や、既に認知症の素因もあり（脳萎縮）、それが発現・増悪したものであること
判決要旨	自動二輪車を運転して小学校校庭付近の道路にさしかかった高齢者（87 歳・男）が、校庭から飛び出してきたサッカーボールの影響で転倒して負傷し、その後死亡した事故につき、サッカーボールを校庭外に飛び出させた児童の両親の監督義務違反が認められた事案で、被害者の過失を斟酌して 30 パーセント程度、被害者の素因ないし疾患を斟酌（722 条 2 項の類推適用）して 50 パーセント程度、両者を併せ考慮して全損害額の 65 パーセントを減額するのが相当とされた事例。

上下審	**上告審**：最高裁平成27年4月9日判決 / 民集69巻3号455頁 / 裁判所時報1625号3頁 / 判時2261号145頁 / 判タ1415号69頁 / 自保ジャ1941号1頁 / 裁判所ウェブ掲載判例〔28231370〕〔破棄自判〕 **第一審**：大阪地裁平成23年6月27日判決 / 判時2123号61頁 / 自保ジャ1856号168頁 / 民集69巻3号464頁 / 裁判所ウェブ掲載判例〔28174459〕〔一部認容、一部棄却〕

052

神戸地裁平成 23 年 5 月 16 日判決［28181382］
◆交通民集 44 巻 3 号 588 頁
〔一部認容、一部棄却〕

素因減額	30%

被 害 者	79 歳（症状固定時 81 歳）・女・主婦
被害態様	神経系統の機能又は精神に著しい障害を残し、随時介護を要する状態（後遺障害等級 2 級 1 号）になったこと
素　　因	多発性脳梗塞が見られたものの、事故による傷害を契機として、その後パーキンソン症状・認知症状が出現したこと
判決要旨	交通事故により脳挫傷等の傷害を負った被害者（79 歳）が、事故以前から多発性脳梗塞が見られたものの、事故による傷害を契機として、その後パーキンソン症状・認知症状が出現し、これにより神経系統の機能又は精神に著しい障害を残し、随時介護を要する状態（後遺障害等級 2 級 1 号）になったものと認められる場合には、過失相殺に加え、民法 722 条 2 項を類推適用して、30 パーセントの素因減額をするのが相当とされた事例。

4. 賠償神経症

053

東京地裁平成26年2月28日判決［28223110］
◆自保ジャ1922号36頁
〔一部認容、一部棄却〕

素因減額	0%

被害者	症状固定時31歳・女・求職中
被害態様	治療期間等の長期化
素因	心因的要因（高額の賠償金を得ようという意図）
判決要旨	交通事故の加害者が、被害者の治療期間等の長期化には被害者の心因的要因（高額の賠償金を得ようという意図）が大きく寄与しているとして、傷害慰謝料及び休業損害の素因減額を主張したことにつき、被害者に高額の賠償金を得ようという不当な意図があるとまで認めるに足りる証拠はなく、被害者の本件事故による受傷内容（頸椎捻挫、左肩打撲）を前提としても、症状固定まで約1年という治療期間（ひいては休業期間）が特に長期間ということはできないとして、否定された事例。

» 5.PTSD（心的外傷後ストレス障害）

054

福岡地裁平成 26 年 4 月 18 日判決［28223357］
◆自保ジャ 1923 号 53 頁
〔一部認容、一部棄却〕

素因減額	10%

被害者	年齢不明・女・職業不明
被害態様	交通事故により頸椎捻挫等を受傷
素因	外傷性ストレス障害等精神症状の治療中であったこと
判決要旨	交通事故により頸椎捻挫等を受傷し、事故当時外傷性ストレス障害等精神症状の治療中であった被害者につき、交通事故を契機としてうつ状態が一時的に悪化ないし遷延し、事故による受傷の治療長期化に無視できない影響を与えたこと、一方で被害者によれば事故の約5か月前に就労し、その2か月後からうつ状態が悪化したものの、勤務それ自体は本件事故まで大過なく継続していたことから素因減額は制限的に考えざるをえず、10パーセントの素因減額を認めるとされた事例。

055

大阪地裁平成26年9月12日判決［28230570］
◆交通民集47巻5号1161頁／自保ジャ1935号42頁
〔一部認容、一部棄却〕

素因減額	0%

被害者	症状固定時27歳・女・給与所得者
被害態様	脊髄損傷による神経症状（後遺障害等級7級4号）
素因	PTSD
判決要旨	多重追突事故により脊髄損傷による神経症状（後遺障害等級7級4号）が残った被害者に、事故によりPTSDを発症したことが認められた場合に、被害者には事故以前に神経症状があったとは認められないこと、事故の態様、事故により被害者に生じた傷害の深刻さを考えれば、素因がなくてもPTSDを発症することは十分ありうることなどから、被害者の後遺障害につき、素因減額が認められなかった事例。

056

金沢地裁平成 27 年 3 月 24 日判決［28242204］
◆自保ジャ 1968 号 80 頁
〔一部認容、一部棄却〕

素因減額	50%

被害者	年齢不明・男・給与所得者
被害態様	頚椎捻挫、急性ストレス反応等の傷害を負い 14 級 9 号の後遺障害を残した事故
素因	職場におけるストレス
判決要旨	交通事故により頚椎捻挫、急性ストレス反応等の傷害を負い 14 級 9 号の後遺障害を残した被害者（年齢不明・男・給与所得者）につき、事故後、頚椎には軽度の加齢変性が認められたところ、疾患に当たると認めるには足りないことから、考慮できないとし、また、精神科受診歴はなかったが、事故後、事故とは無関係の職場におけるストレスを抱えており、これが一定の割合で事故後の精神症状に影響を与えたとし、精神症状に対する治療費及び通院交通費について、50 パーセントの素因減額がされた事例。

057

神戸地裁平成25年1月28日判決［28212088］

◆自保ジャ1896号124頁

〔一部認容、一部棄却〕

素因減額	50%

被害者	症状固定時70歳・女・スナック経営
被害態様	右膝関節の運動痛のほか、不眠、不安、抑うつ等の精神症状（12級）
素因	被害者のストレス耐性の低さ・脆弱性などの心因的要素
判決要旨	交通事故によって右膝関節の運動痛のほか、不眠、不安、抑うつ等の精神症状（12級）を残した被害者の損害賠償額の算定につき、事故態様は交差点における被害者運転の自転車と加害者運転の普通自動車との衝突であったが、転倒がなく、自転車の損傷も軽微であるなど歩行者専用道路であることを考慮しても被害が軽微であることから、被害者の精神状況は、被害者におけるストレス耐性の低さ・脆弱性が影響しており心因的要素が大きく寄与していることから、損害の公平な分担の見地から5割の素因減額をするのが相当とされた事例。

058

名古屋地裁平成 14 年 11 月 20 日判決［28090117］
◆交通民集 35 巻 6 号 1551 頁
〔一部認容、一部棄却〕

素因減額	30%

被害者	症状固定時 39 歳・男・公務員
被害態様	精神・神経症状の後遺障害（後遺障害等級 14 級）
素因	高度なストレス、精神症状
判決要旨	交通事故により精神・神経症状の後遺障害（後遺障害等級 14 級）が残った被害者につき、事故の衝撃と受傷、その後の加害者側の態度による被害者のストレスが高度であること、被害者に精神症状が発現し後遺障害が残ったことに被害者の素因・心因的要因の関与が認められるものの、具体的な確認資料が存在しないことから、その寄与程度は軽度にとどまるとして、民法 722 条を類推適用し、入通院慰謝料につき 2 割、後遺障害による逸失利益及び後遺障害慰謝料につき 3 割が減額された事例。

059

大阪地裁平成14年2月7日判決［28080990］
◆交通民集35巻1号206頁
〔一部認容、一部棄却〕

素因減額	20%

被害者	年齢不明・女・イギリス人看護士
被害態様	頸椎捻挫等による治療期間の長期間（約2年11か月）
素因	心因的要因（ストレス等の存在によりうつ状態）
判決要旨	交通事故により頸椎捻挫等の傷害を負った被害者（年齢不明・女・イギリス人看護士）の約2年11か月に及ぶ治療期間につき、長期間に及んでいる原因は、母国外で事故に遭ったことや日本国内での治療では思うような改善効果が得られなかったこと、ストレス等の存在によりうつ状態となったこと等の心因的要因が影響しているとして、民法722条2項を類推適用して、2割の素因減額が行われた事例。

060

大阪高裁平成13年4月13日判決［28070213］
◆判時1766号51頁
〔棄却〕

素因減額	20%

被害者	男子・小学生
被害態様	十二指腸潰瘍の再発・増悪
素因	ストレスを感じやすい素因
判決要旨	十二指腸潰瘍で通院中の患者（男子・小学生）が交通事故に遭ったことにより十二指腸潰瘍の再発・増悪を来したことについて、患者のストレスを感じやすい素因を考慮して、2割の素因減額がされた事例。
上下審	**第一審**：【061】神戸地裁平成12年11月9日判決／判時1766号52頁／交通民集33巻6号1845頁［28070214］〔一部認容、一部棄却〕

061

神戸地裁平成12年11月9日判決［28070214］
◆判時1766号52頁／交通民集33巻6号1845頁
〔一部認容、一部棄却〕

素因減額	20%

被害者	小学生・男・いわゆるダウン症児
被害態様	十二指腸潰瘍の再発・増悪
素因	ナイーブな一面あるいはストレスを感じやすい素因
判決要旨	1　交通事故により、頸椎捻挫、交通事故後心身症、難治性十二指腸潰瘍等の傷害を負った被害者（小学生・男・いわゆるダウン症児）につき、同人の十二指腸潰瘍は事故直前ころにはほぼ治癒していたのに、事故の激しい衝撃により大きな精神的ショックを受け、ストレスを継続的に感じ、そのために十二指腸潰瘍が再発・増悪したものと認められるとして、十二指腸潰瘍の再発・増悪及びそれに伴う治療行為と事故との間の相当因果関係が肯定された事例。 2　上記被害者につき、同人のナイーブな一面あるいはストレスを感じやすい素因の故に十二指腸潰瘍の再発・増悪を来したことも認められるとして、2割の素因減額がされた事例。
上下審	**控訴審**：【060】大阪高裁平成13年4月13日判決／判時1766号51頁［28070213］〔棄却〕

062

東京高裁平成5年5月31日判決［27816571］
◆判時1469号86頁
〔一部変更、一部棄却〕

素因減額	80%

被害者	45歳・男
被害態様	耳鳴りや難聴等の後遺障害に悩まされてうつ状態となり、事故の約10か月後に自殺
素因	神経質な性格等の心因的素因
判決要旨	1　交通事故により外傷性頸部症候群の傷害を負った被害者が、耳鳴りや難聴等の後遺障害に悩まされてうつ状態となり、事故の約10か月後に自殺した事案につき、交通事故の後遺症として耳鳴りのような他覚的所見の得にくい主観的症状が執拗に継続し、精神的苦痛の結果うつ状態になり自殺に至ることは、通常人の予見可能なことということができるから、事故と自殺による死亡との間には相当因果関係があるとされた事例。 2　上記事案につき、被害者が自殺するに至ったについては被害者の神経質な性格等の心因的素因が寄与しているとして、民法722条2項を類推適用し、同人の死亡による損害額から8割の減額をするのが相当であるとされた事例。

上下審	**第一審**：東京地裁平成4年10月2日判決／判時1469号82頁／判タ799号220頁／交通民集25巻5号1182頁[27814121]〔一部認容、一部棄却〕

063

仙台地裁平成24年3月23日判決［28182446］
◆自保ジャ1882号36頁
〔一部認容、一部棄却〕

素因減額	60%

被害者	35歳・男・アルバイト
被害態様	統合失調症
素因	被害者の側に素から備わっていた脆弱性
判決要旨	交通事故の後に統合失調症を発症したと主張する被害者につき、被害者の精神科の主治医の意見等から、本件事故との因果関係を否定する自賠責保険等級認定の判断は採用できないとして、相当因果関係が肯定されたが、被害者の統合失調症の発症には、被害者の側に素から備わっていた脆弱性がかなり寄与しており、その寄与割合は60パーセントであるとして、逸失利益等の算定において、素因減額として60パーセントを控除するのが相当であるとされた事例。
上下審	**控訴審**：仙台高裁平成24年12月25日判決／自保ジャ1892号29頁［28211397］〔原判決変更、一審原告控訴棄却〕

064

名古屋高裁金沢支部平成27年12月9日判決[28242684]
◆自保ジャ1969号136頁
〔原判決変更、控訴棄却〕

素因減額	50%

被害者	症状固定時46～47歳・女・主婦
被害態様	PTSD9級7号の2の後遺障害
素因	精神的な脆弱性
判決要旨	歩行中に加害者（4歳）に子ども用の傘の先端で腰を突かれ転倒しPTSDを発症しPTSD9級7号の2の後遺障害を残した被害者（46歳・症状固定時46～47歳・女・主婦）の損害につき、腰部等に器質的な傷害ないし障害は認められないこと、35歳ごろに精神的ストレスから拒食症となり1か月間入院したことがあること、現在の精神症状については、不自由な身体、夫の死、加害者への不満、夫の死後家族にかかった負担の増加の影響も無視できないこと等を考慮すると、被害者自身の精神的な脆弱性が相当大きく寄与しているとし、50パーセントの素因減額がされた事例。
上下審	**第一審**：金沢地裁平成26年3月28日判決／自保ジャ1969号149頁［28242686］

065

松山地裁平成26年3月7日判決［28224453］
◆自保ジャ1929号129頁
〔一部認容、一部棄却〕

素因減額	50%
被害者	年齢不明・男・僧侶
被害態様	頸椎捻挫を受傷し、頸部等に神経症状（14級9号）
素因	頸に関する入院歴や本人の性格の脆弱性といった身体的精神的素因
判決要旨	交通事故により頸椎捻挫を受傷し、頸部等に神経症状（14級9号）を残した被害者につき、被害者には頸に関する入院歴や本人の性格の脆弱性といった身体的精神的素因があるところ、赤信号停車中の被害車の後方でいったん停止した加害車がブレーキペダルを緩めたことで追突したという事故態様に照らせば、受傷自体は否定されないとしても神経症状を生ずるような重篤な態様とはいえないこと、抑うつ症状等についても本件事故以外の要因もあって重篤化したことが認められることから、5割の素因減額を認めるとされた事例。

066

大阪高裁平成 18 年 9 月 28 日判決 ［28130259］
◆交通民集 39 巻 5 号 1227 頁 / 裁判所ウェブ掲載判例
〔変更自判〕

素因減額	50%

被 害 者	症状固定時 41 歳・女・パート従業員兼主婦
被害態様	反射性交感神経性ジストロフィー（RSD）による後遺障害
素　　因	被害者の性格及び心因性の反応を引き起こしやすい素因
判決要旨	1　交通事故により反射性交感神経性ジストロフィー（RSD）による後遺障害が残った被害者につき、被害者の性格及び心因性の反応を引き起こしやすい素因が合併ないし競合して RSD が発生したとして過失相殺の法理により、また、被害者が本件事故後に遭遇した事故の寄与割合を考慮し、5 割の減額がされた事例。 2　前記の場合に、症状固定前の損害については、同時点までにいまだ心因性の要因が作用していたとは認めることができないし、第 2、第 3 事故の発生前の損害であるから、寄与割合による減殺をする必要はないとされた事例。
上 下 審	**第一審**：大阪地裁堺支部平成 15 年 12 月 1 日判決 / 交通民集 39 巻 5 号 1261 頁 ［28132176］〔一部認容、一部棄却〕

067

静岡地裁平成4年10月2日判決［27814293］
◆判タ804号157頁／交通民集25巻6号1543頁
〔一部認容〕

素因減額	50%

被害者	年齢不明・女・主婦・パートタイマー
被害態様	てんかん様発作、幻覚を含む様々な神経症状を呈して長期間の治療（5年8か月）
素因	性格性向
判決要旨	交通事故により頸椎捻挫等の傷害を負った被害者が、てんかん様発作、幻覚を含む様々な神経症状を呈して5年8か月の治療を要した事案につき、被害者の神経症状は、事故に伴う損害として通常発生する程度・範囲を超えて拡大した損害であること、その拡大には被害者の素因としての性格性向が関与していることを考慮して、民法722条2項を類推適用し5割減額して治療費及び休業損害を算定した事例。

068

函館地裁平成13年11月21日判決［28071361］
◆判時1780号132頁
〔一部認容、一部棄却〕

素因減額	30%

被害者	年齢不明・男・郷里で再就職予定
被害態様	心的外傷後ストレス障害（PTSD）
素　因	被害者の性格的素因等
判決要旨	1　交通事故により頸椎捻挫等の傷害を負った被害者に発現した神経症状につき、心的外傷後ストレス障害（PTSD）と認め、事故との相当因果関係が肯定された事例。 2　本件心的外傷後ストレス障害（PTSD）には、被害者の性格的素因が多分に寄与していること、被害者には事故前に精神疾患の既往症がないこと、本件で請求されているのは、積極的損害、入通院慰謝料及び休業損害のみであること、被害者自身は恐怖心を取り除いて早期の社会復帰を望みながら治療を受けていたこと等の事情を考慮して、損害の公平な分担の見地から、損害額が3割減額された事例。

069

京都地裁平成 24 年 12 月 17 日判決［28211592］
◆交通民集 45 巻 6 号 1478 頁 / 自保ジャ 1894 号 59 頁
〔一部認容、一部棄却〕

素因減額	20%

被 害 者	症状固定時 47 歳・女・主婦兼書道教室開催
被害態様	頸椎・左肘・左膝捻挫、左大腿部打撲、腰椎捻挫の傷害を負い、頭痛、頭重感、左半身の感覚障害、めまい、集中力低下等の多彩な神経症状等が残存
素　　因	精神的脆弱性等の内在的要素
判決要旨	交通事故により頸椎・左肘・左膝捻挫、左大腿部打撲、腰椎捻挫の傷害を負った被害者に、症状固定時までに次第に軽減したとはいえ頭痛、頭重感、左半身の感覚障害、めまい、集中力低下等の多彩な神経症状等が残存していた場合に、被害者の事故後の症状は、その多彩さ、強固さ、推移及び他覚所見との対比等からして、同事故によって通常発生する程度、範囲を超えており、被害者の精神的脆弱性等の内在的要素が症状に寄与していると考えざるをえないとして、2 割の素因減額がなされた事例。

070

神戸地裁平成13年12月14日判決［28080529］
◆交通民集34巻6号1616頁
〔一部認容、一部棄却〕

素因減額	20%

被害者	年齢不明・女・専門学校生・アルバイト
被害態様	心的外傷後ストレス障害（PTSD）とみられる症状
素　因	被害者の性格、心因反応を引き起こしやすい素因
判決要旨	交通事故後、心的外傷後ストレス障害（PTSD）とみられる症状を来した被害者につき、本件症状には、被害者の性格、心因反応を引き起こしやすい素因が関与していると推認されることから、損害の公平な分担から民法722条2項を類推適用して2割を減額するのが相当とされた事例。

071

大阪地裁平成20年5月30日判決［28151475］
◆交通民集41巻3号675頁
〔一部認容、一部棄却〕

素因減額	10%

被害者	症状固定時26歳・男・会社員
被害態様	頸部打撲等の傷害により、しつこい吐き気などの後遺障害
素因	心理的脆弱さ、強迫的傾向あるいは少なくとも現在の症状を発現させるような素因
判決要旨	交通事故により頸部打撲等の傷害を負い、しつこい吐き気などの後遺障害が残った被害者（症状固定時26歳・男・会社員）につき、被害者には心理的脆弱さ、強迫的傾向あるいは少なくとも現在の症状を発現させるような素因が見受けられるところ、このことが症状の遷延化、治療の困難化、よって通院期間の長期化や治療費の多額化に影響しているとして、総損害額から1割を減額することが相当であるとされた事例。

072

東京地裁平成27年2月26日判決［28233156］
◆交通民集48巻1号264頁／自保ジャ1950号70頁
〔一部認容、一部棄却〕

素因減額	0%

被害者	年齢不明・性別不明・脳神経外科医
被害態様	交通事故によりうつ病を発症
素因	性格・気質等
判決要旨	交通事故によりうつ病を発症した被害者（年齢不明・性別不明・脳神経外科医）につき、被害者の性格・気質などがうつ病の発症及び憎悪に影響したことは否定できないが、脳神経外科医である被害者にとって、右手指の自覚症状は職業生活を左右しかねないものであったこと、事故後の治療の内容、症状の推移、症状固定までの期間、後遺症の程度にかんがみると、事故との相当因果関係を認めた損害額について、被害者の性格・気質等の寄与を理由に減額をせず、加害者に損害額全部を賠償させるのが公平を失するということはできないとして、素因減額が認められなかった事例。

073

横浜地裁平成26年12月2日判決［28231637］
◆自保ジャ1941号63頁
〔一部認容、一部棄却〕

素因減額	0%

被害者	49～50歳（症状固定時52歳）・女・専業主婦
被害態様	頸部痛、背部痛14級9号、不眠、発作性不安等の非器質性精神障害14級の後遺傷害
素因	性格や環境的要因
判決要旨	交通事故により頸部痛、背部痛14級9号、不眠、発作性不安等の非器質性精神障害14級の後遺傷害を残した被害者（49～50歳、症状固定時52歳・女・専業主婦）につき、加害者は被害者の精神症状は性格や環境的要因によるものであると主張するが、飼い犬の死や母の看病等の他の要因の存在等を考慮し14級の限度で事故との相当因果関係を認めたことからすると、事故のみによって通常生ずる程度を超えたとはいい難く、加害者に損害の全部を賠償させることが公平に反するとはいえないとし、素因減額が認められなかった事例。

074

鹿児島地裁平成26年11月26日判決［28232074］
◆自保ジャ1943号1頁
〔一部認容、一部棄却〕

素因減額	0%

被害者	症状固定時34歳・女・兼業主婦
被害態様	後遺障害である左上肢の機能障害及び左下肢の神経症状
素因	精神的未熟性、自己中心性といったパーソナリティやストレスを感じやすい性格
判決要旨	交通事故の加害者が、被害者にメンタルクリニック等への受診歴があること、症状増悪の原因として被害者の精神的未熟性、自己中心性といったパーソナリティやストレスを感じやすい性格の影響が指摘されていることから、素因減額及び心因的要因を原因とする相応な減額が認められるべきであると主張したことにつき、被害者の後遺障害である左上肢の機能障害及び左下肢の神経症状は、左鎖骨骨折及び恥骨・坐骨骨折によるものであり、公平の観点からは、素因減額を認めることは相当ではないとされた事例。

075

大阪地裁平成 11 年 7 月 19 日判決［28052235］
◆判時 1748 号 151 頁 / 交通民集 32 巻 4 号 1130 頁
〔一部認容、一部棄却〕

素因減額	70%

被害者	22 歳・男
被害態様	交通事故から約 1 年 3 か月後に被害者がマンションの 12 階から転落死
素因	精神分裂症、シンナー中毒等
判決要旨	交通事故から約 1 年 3 か月後に被害者(事故当時 22 歳)がマンションの 12 階から転落死したことにつき、転落が自殺かシンナーを吸って錯乱状態で飛び降りたのかは不明であるが、精神障害が原因で転落死したものといえ、事故の脳挫傷による後遺症が転落死に影響を与えていないとはいえないが、被害者には事故前から精神分裂症、シンナー中毒などの素因があり、事故後もシンナーを吸っていたことなどを考えると、本件事故が与えた影響よりも素因の影響のほうが大きいとして、7 割の素因減額がされた事例。

076

金沢地裁平成26年3月28日判決［28242686］

◆自保ジャ1969号149頁

〔一部認容、一部棄却]〕

素因減額	50%

被害者	症状固定時46歳・女・非常勤職員
被害態様	PTSD（外傷後ストレス障害）
素因	事故の約10年前に拒食症であったこと、精神的な脆弱性や素因があると考えられるとの鑑定意見があること、事故の3年後に夫が死亡したこと
判決要旨	被害者は事故の約10年前に拒食症であったこと、精神的な脆弱性や素因があると考えられるとの鑑定意見があること、事故の3年後に夫が死亡したことから、事故後に被害者に生じた症状には被害者側の事情も相当大きく寄与していると認められるから、5割の素因減額が相当であるとされた事例。
上下審	**控訴審**：名古屋高裁金沢支部平成27年12月9日判決／自保ジャ1969号136頁［28242684］

077

横浜地裁平成 25 年 5 月 13 日判決［28220042］
◆交通民集 46 巻 3 号 607 頁 / 自保ジャ 1908 号 150 頁
〔一部認容、一部棄却〕

素因減額	50%

被 害 者	年齢不明・女・職業不明
被害態様	外傷性頸部症候群及び腰椎捻挫の傷害を負い、入院・通院期間の長期化（入院約 3 か月、通院約 10 か月）
素　　因	覚せい剤後遺症等の精神疾患の影響
判決要旨	交通事故により外傷性頸部症候群及び腰椎捻挫の傷害を負った被害者につき、その入院期間が約 3 か月、通院が約 10 か月に及んだことについては、被害者の既往症である覚せい剤後遺症等の精神疾患の影響があり、その程度は 50 パーセントと認められるとし、民法 722 条 2 項の規定を類推適用して、被害者の損害額の 50 パーセントにつき、素因減額を認めるのが相当であるとされた事例。

078

大阪地裁平成25年3月8日判決［28213172］
◆交通民集46巻2号333頁／自保ジャ1903号15頁
〔一部認容、一部棄却〕

素因減額	25%

被害者	症状固定時46歳・男・生活保護受給者
被害態様	後遺障害（神経系統の機能又は精神に著しい障害を残し、常に介護を要するもの）
素因	症状精神病（覚せい剤中毒後遺症）、糖尿病、C型肝炎の既往症
判決要旨	交通事故により、後遺障害（神経系統の機能又は精神に著しい障害を残し、常に介護を要するもの）が残った被害者につき、症状精神病（覚せい剤中毒後遺症）、糖尿病、C型肝炎の既往症があった場合に、糖尿病及びC型肝炎がどこまで事故による下半身麻痺との関係で素因減額の対象となるか明らかでないこと、入院中に症状精神病の症状が悪化した事実は認められないことなどから、25パーセントの素因減額がされた事例。

079

東京地裁平成20年6月30日判決［28151486］
◆交通民集41巻3号796頁
〔一部認容、一部棄却〕

素因減額	25%

被害者	症状固定時39歳・男
被害態様	転換性障害による下肢不全麻痺となった被害者がうつ病が発症、増悪し自殺
素因	自殺した被害者同居人との関係
判決要旨	交通事故により転換性障害による右下肢不全麻痺となった被害者につき、転換性障害は、器質的基盤のない精神障害である神経症の一病態として捉えられ、生来性の素質に環境因子が加わり神経症の準備状態を作り、これに結実因子が働いて発症するものと理解されており、被害者にうつ病が発症、増悪し自殺した原因として、本件事故だけでなく、自殺した被害者同居人との関係があったことは否定できないとして、全損害を通じ、25パーセントの素因減額がされた事例。

080

東京地裁昭和44年9月17日判決［27422007］
◆判時574号53頁／判タ240号171頁
〔一部認容〕

素因減額	20%（危険素因）、10%（倫理的素因）

被害者	21歳・女
被害態様	1週間前に知り合った男性の運転する自動車に同乗して深夜ドライブ中、上記男性の過失による事故で死亡
素因	社会一般の若い女性としての羞恥心と節度を逸脱した事情
判決要旨	1週間前に知り合った男性の運転する自動車に同乗して深夜ドライブ中、上記男性の過失による事故で死亡した21歳の女性にも、危険の素因並びに倫理的素因として、事故発生の危険につながる生活行動ないし道を自ら選んだ点に、社会一般の若い女性としての羞恥心と節度を逸脱した事情が認められ、損害発生の潜在的要因が問われてよく、危険の素因として20パーセント、倫理的素因として10パーセントを遺族の賠償請求権につき減額するのが相当である。
評釈	▶大村須賀男・判例評論133号14頁1970年3月

081

さいたま地裁平成27年3月20日判決［28232166］

◆判時2255号96頁／自保ジャ1946号43頁

〔一部認容、一部棄却〕

素因減額	0%

被害者	年齢不明・男・会社員
被害態様	車いすを使用して信号機のない交差点を横断していたところ、加害者の運転する普通乗用自動車に接触し転倒して14級9号の後遺障害が残った事故
素因	既存障害（神経系統の機能又は精神の著しい障害・1級1号）
判決要旨	車いすを使用して信号機のない交差点を横断していたところ、加害者の運転する普通乗用自動車に接触し転倒して14級9号の後遺障害が残った被害者につき、被害者の既存障害と本件症状とでは神経の支配領域が異なり、本件既存障害が本件症状の内容を重篤化させるなどして損害の発生に寄与しているとは認められないとして、加害者の主張する素因減額が認められなかった事例。
上下審	**控訴審**：東京高裁平成28年1月20日判決／判時2292号58頁／自保ジャ1966号53頁［28241120］〔控訴棄却（2315号）、附帯控訴棄却（3604号）〕
評釈	▶石橋秀起・判例評論682号（判時2271）171～176頁2015年12月1日

082

山形地裁平成26年11月26日判決［28230304］
◆自保ジャ1934号39頁
〔一部認容、一部棄却〕

素因減額	0%

被害者	症状固定時39歳・男・会社員
被害態様	14級9号の後遺障害
素因	被害者が病院で適応障害、人格障害の傾向や身体表現性障害の指摘を受けていたこと
判決要旨	交通事故の被害者が病院で適応障害、人格障害の傾向や身体表現性障害の指摘を受けていたことを挙げて、損害の発生に心因的な要素が影響しているとして、加害者が素因減額を主張したことにつき、病院の診療録によっても、直ちにこれらの心因的な要素があって損害の拡大に寄与しているとは断じ難く、素因減額を行うことは相当ではないとされた事例。
上下審	**控訴審**：仙台高裁平成27年5月27日判決／自保ジャ1952号44頁［28233476］〔控訴棄却〕

083

名古屋地裁平成25年10月24日判決［28221449］
◆交通民集46巻5号1381頁／自保ジャ1915号84頁
〔一部認容、一部棄却〕

素因減額	0%

被害者	33歳・女・音楽家
被害態様	心因反応を発症して失声し、フラッシュバック、自動車への乗車による気分の悪化、不眠等のPTSD様の症状が認められ、その後自殺
素因	素因減額すべき事情があるとは認められない
判決要旨	交通事故の被害者が、心因反応を発症して失声し、フラッシュバック、自動車への乗車による気分の悪化、不眠等のPTSD様の症状が認められ、その後自殺した場合に、事故の態様からすれば、被害者が受けた恐怖感は多大であったと考えられ、事故当日には心因反応と診断され、失声したことなどから、被害者の精神疾患の発症に対する事故の影響は非常に大きく、被害者の死亡前の損害について素因減額すべき事情があるとは認められないとされた事例。

084

大阪高裁平成 24 年 11 月 28 日判決［28210820］
◆自保ジャ 1889 号 1 頁
〔原判決一部変更、一部棄却〕

素因減額	0%

被害者	31 歳・男・塾経営
被害態様	非器質性精神障害
素因	身体的、精神的、人格的、社会的な素因
判決要旨	被害者（31 歳・男・塾経営）が乗用車を運転していて、加害自動車に衝突された事故で、被害者に残存する症状は非器質性精神障害であるから、身体的、精神的、人格的、社会的な素因が絡んでいることが十分考えられるが、本件障害は軽微であり、事故によってこの程度の神経症状が生ずることは通常ありうることから、素因減額することは相当でないとされた事例。
上下審	**第一審**：大阪地裁平成 24 年 3 月 23 日判決 / 自保ジャ 1877 号 19 頁［28181922］〔一部認容、一部棄却〕

判例INDEX

第1　交通事故

Ⅱ　体質的・身体的素因

》1. 椎間板ヘルニア

085

大阪高裁平成27年11月27日判決［28240404］
◆自保ジャ1958号1頁
〔原判決一部取消、附帯控訴棄却〕

素因減額	50%

被害者	41歳・女・給与所得者
被害態様	治療期間の長期化（神経系統の機能の後遺障害（9級10号））
素因	加齢性頸椎椎間板ヘルニア、心因的要因、意図的な非協力
判決要旨	交通事故被害者の損害賠償額の算定につき、被害者が従前から罹患していた加齢性頸椎椎間板ヘルニアが事故を契機に増悪したものと認められること、心因的要因あるいは意図的な非協力（正しく症状を述べず検査を受けなかった）のために治療期間が長期化したものと推認できるから、50パーセントの素因減額を行うのが相当とされた事例。
上下審	**第一審**：大阪地裁平成27年1月21日判決／交通民集48巻1号108頁／自保ジャ1944号1頁［28232169］〔一部認容、一部棄却〕

086

名古屋地裁平成18年9月29日判決［28132186］
◆交通民集39巻5号1378頁
〔一部認容、一部棄却〕

素因減額	50%（後遺障害）、30%（その他の損害）

被害者	年齢不明・男・配送センターの総責任者
被害態様	反射性交感神経性ジストロフィー（RSD）の障害
素因	被害者の心因的素因や、頸椎椎間板ヘルニア等の身体的素因
判決要旨	交通事故により、反射性交感神経性ジストロフィー（RSD）の障害が残ったと認められた被害者につき、RSDの発症や治療の長期化には、被害者の心因的素因や、頸椎椎間板ヘルニア等の身体的素因の寄与があるとして、後遺障害に関する損害については5割、その他の損害については3割の減額がされた事例。

087

仙台地裁平成 25 年 5 月 30 日判決［28213648］
◆自保ジャ 1905 号 1 頁
〔一部認容、一部棄却〕

素因減額	40%

被害者	症状固定時 54 歳・女・パートタイマー
被害態様	7 級 4 号（頸部重苦感、両手の脱力、右膝脱力など）の後遺障害
素因	被害者の既往症（腰椎ヘルニアの持病等）の存在とその経年変化による自然増悪及び心因的要素
判決要旨	交通事故の加害者による素因減額の主張につき、被害者は本件事故以前から腰椎ヘルニアの持病を有していたこと、本件事故の約 4 年前の転倒事故時の頸椎捻挫によって後遺障害等級 14 級 9 号に該当する後遺症状を元々有していたこと、本件事故以前にうつ病及び心身症に罹患し、メンタルクリニックにおいても治療を受けていたことから、被害者の既往症の存在とその経年変化による自然増悪及び心因的要素が相当程度に影響しているとして、民法 722 条の類推適用により 4 割の素因減額が認められた事例。

088

大阪地裁平成27年7月28日判決［28243183］
◆交通民集48巻4号890頁
〔棄却〕

素因減額	30%

被害者	症状固定時40歳・男・建設業
被害態様	3年余りの間に2度の追突事故にあった被害者に、第1事故による後遺障害として頸椎前方固定術に起因する頸椎の変形障害（11級7号）
素因	経年変化により形成されていた頸椎椎間板ヘルニアに第1事故による外力が加わったこと
判決要旨	3年余りの間に2度の追突事故にあった被害者に、第1事故による後遺障害として頸椎前方固定術に起因する頸椎の変形障害（11級7号）が残った場合に、経年変化により形成されていた頸椎椎間板ヘルニアに第1事故による外力が加わったことが原因で、第1事故後の後遺障害が残存したものであるから、第1事故により生じた後遺障害にかかる損害のすべてを加害者に負担させるのは、損害の公平な分担の理念に照らし相当ではないとして、民法722条2項を類推適用して3割の素因減額がされた事例。

089

京都地裁平成27年5月27日判決［28233477］
◆自保ジャ1952号59頁
〔一部認容、一部棄却〕

素因減額	30%

被害者	症状固定時44歳・女・兼業主婦
被害態様	事故後に発現し残存した神経症状（14級の後遺障害）
素因	事故前からの経年変性による頸椎椎間板ヘルニア
判決要旨	交通事故被害者（43歳・女）には、本件事故前から経年変性による頸椎椎間板ヘルニアがあり、本件事故後に発現し残存した神経症状が、このヘルニアに起因していることは明らかであり、このヘルニアの存在が、治療期間や後遺障害の程度に相当程度影響していることもまた明らかであるとして、損害の公平な分担の見地から、損害賠償の額を定めるに当たっては、民法722条2項を類推適用し、損害の拡大に寄与した被害者のヘルニアによる影響を斟酌し、30パーセントの素因減額を施すのが相当であるとされた事例。

090

京都地裁平成 26 年 7 月 11 日判決［28230307］
◆自保ジャ 1934 号 80 頁
〔一部認容、一部棄却〕

素因減額	30%

被害者	41 歳（症状固定時 42 歳）・男・電気工事作業に従事
被害態様	頸椎捻挫に伴う神経症状
素因	加齢に伴う一般的な経年変性を超える程度のヘルニアの既往
判決要旨	交通事故の被害者に残存した頸椎捻挫に伴う神経症状につき、本件事故前から加齢に伴う一般的な経年変性を超える程度のヘルニアの既往があったものとうかがわれ、このヘルニアの存在が本件事故による治療期間の長さや後遺障害の程度に影響していることを否定できないとして、損害の公平な分担の見地から、民法 722 条 2 項を類推適用し、30 パーセントの素因減額を施すのが相当であるとされた事例。

091

東京地裁平成25年9月10日判決［28220530］
◆自保ジャ1911号104頁
〔一部認容、一部棄却〕

素因減額	30%

被害者	年齢不明・女・主婦
被害態様	右前腕の痛み、しびれ、右手脱力等の局部に頑固な神経症状の後遺障害（12級）
素　因	頸椎椎間板ヘルニアの既往症があるとともに、頸部脊柱管狭窄症が見られ、頸髄が外力による神経症状を発現しやすい状態（脊髄易損性）にあったこと
判決要旨	交通事故により右前腕の痛み、しびれ、右手脱力等の局部に頑固な神経症状の後遺障害（12級）を残した被害者につき、被害者には、頸椎椎間板ヘルニアの既往症があるとともに、頸部脊柱管狭窄症が見られ、頸髄が外力による神経症状を発現しやすい状態（脊髄易損性）にあったものと認められるとして、30パーセントの素因減額をするのが相当であるとされた事例。

092

浦和地裁平成12年3月29日判決［28061305］
◆交通民集33巻2号639頁
〔一部認容、一部棄却〕

素因減額	30%

被害者	年齢不明・女・職業不明
被害態様	脊柱の前弯変形
素因	椎間板ヘルニア
判決要旨	交通事故被害者に発症した脊柱の前弯変形は、本件事故により出現した椎間板ヘルニアの手術後に生ずる症状としては非常にまれな例であり、かかる症状は被害者の相当強い神経症的な素因に基づくものと推認され、損害の公平な分担の見地から、その寄与度を3割と評価し、損害額から減額するのが相当であるとされた事例。

093

大阪地裁平成11年11月4日判決［28060522］
◆交通民集32巻6号1745頁
〔一部認容、一部棄却〕

素因減額	30%

被害者	39歳・男・会社取締役
被害態様	頸椎捻挫、頭部打撲、腰部・左大腿打撲の診断
素因	第5・第6頸椎間椎間板ヘルニア、腰痛症、不安神経症
判決要旨	交通事故により、頸椎捻挫、頭部打撲、腰部・左大腿打撲の診断を受けた被害者につき、事故前から第五・第六頸椎間椎間板ヘルニア、腰痛症、不安神経症の既往症があった場合に、このような素因が本件事故と相当因果関係のある範囲の被害者の症状の発現及び継続についても寄与するところが相当程度大きかったとして、民法722条2項の類推適用により3割の寄与度減額が行われた事例。

094

京都地裁平成22年12月14日判決［28174386］
◆交通民集43巻6号1647頁／自保ジャ1845号54頁
〔一部認容、一部棄却〕

素因減額	20%

被害者	症状固定時46歳・男・自営業者
被害態様	C6／7椎間板ヘルニア
素因	既往症であるC3／4、5／6椎間板ヘルニア等
判決要旨	交通事故によりC6／7椎間板ヘルニアを発症した被害者につき、既往症であるC3／4、5／6椎間板ヘルニア等が、被害者の本件事故後の症状発生に寄与しているとして、公平の観点から、被害者の損害の2割が素因減額された事例。

095

東京地裁平成19年7月27日判決［28141800］
◆交通民集40巻4号1000頁
〔一部認容、一部棄却〕

素因減額	20%

被害者	年齢不明・女・会社員
被害態様	頚椎捻挫等の傷害による頚部痛、腰痛等の後遺障害
素因	椎間板ヘルニア
判決要旨	交通事故により、頚椎捻挫等の傷害を負い、頚部痛、腰痛等の後遺障害が残った被害者に、椎間板ヘルニアの既往症が存在した場合に、被害者の事故後の腰部痛については、既往症が関与している可能性が高いとされ、20パーセントの素因減額がされた事例。

096

大阪地裁平成12年2月28日判決［28060987］
◆交通民集33巻1号339頁
〔一部認容、一部棄却〕

素因減額	20%

被害者	症状固定時49歳・男・会社代表取締役
被害態様	事故により椎間板ヘルニアが発生又は増強し、事故の約10か月半後に右手しびれ感、右肩鈍痛、頸部痛等の後遺障害（等級12級12号）
素因	骨棘により脊柱管が比較的狭い状態であり、椎間板ヘルニアを発生し易い状態
判決要旨	1　軽微な追突事故の被害者（症状固定時49歳・男・会社代表取締役）につき、同人は事故により椎間板ヘルニアが発生又は増強し、事故の約10か月半後に右手しびれ感、右肩鈍痛、頸部痛等の後遺障害（等級12級12号）を残して症状が固定したと認められた事例。 2　上記被害者につき、事故当時椎間板ヘルニアを発生し易い状態にあり、これが事故による症状の悪化、拡大に寄与したことを考慮して、2割の素因減額がされた事例。

097

大阪地裁平成10年3月19日判決［28041069］
◆交通民集31巻2号372頁
〔棄却〕

素因減額	20%

被害者	55歳・男・外交員
被害態様	後遺障害（上肢しびれ、筋力低下等、14級）
素因	変性の強い椎間板ヘルニア
判決要旨	交通事故により受傷し、後遺障害（上肢しびれ、筋力低下等、14級）を残した被害者（55歳・男・外交員）につき、被害者には事故によって生じたものでない変性の強い椎間板ヘルニアがあり、これが症状の悪化の一因となっているとして、過失相殺の法理を類推適用して20パーセントの素因減額を行った事例。

098

大阪地裁平成16年10月13日判決［28102098］
◆交通民集37巻5号1365頁
〔一部認容、一部棄却〕

素因減額	15%

被害者	年齢不明・男・会社員
被害態様	頸椎捻挫の傷害を負った被害者が後遺障害として主張している頭痛、項部痛
素因	頸椎椎間板ヘルニア
判決要旨	追突事故により頸椎捻挫の傷害を負った被害者（年齢不明・男・会社員）が後遺障害として主張している頭痛・項部痛を、頸椎椎間板ヘルニアを原因として事故を契機に発現したものと認めたうえで、事故前に無症状であったからといって頸椎椎間板ヘルニアがなかったことの証拠にはならないとして、15パーセントの素因減額が認められた事例。

099

京都地裁平成27年10月28日判決［28243834］
◆交通民集48巻5号1315頁
〔一部認容、一部棄却〕

素因減額	10%

被害者	50歳・女・生活保護受給者、主婦、無職（求職中）
被害態様	右上腕部の軽度腫張と発赤の器質的損傷
素因	椎間板ヘルニア・軽度脊柱管狭窄の既往及び全般性不安障害の既往
判決要旨	交通事故により右上腕部の軽度腫張と発赤の器質的損傷があった被害者につき、椎間板ヘルニア・軽度脊柱管狭窄の既往があり、また、全般性不安障害の既往があったことから、症状固定までに1年3か月余りを要した治療経過には、被害者の既往症及び精神的素因が相当程度影響しているとして、損害の公平な分担の見地から、民法722条2項を類推適用し、10パーセントの素因減額がされた事例。

100

大阪地裁平成24年2月20日判決［28210805］
◆交通民集45巻1号226頁
〔一部認容、一部棄却〕

素因減額	10%

被害者	事故時38歳・男・家事従事者
被害態様	腰椎捻挫、左肩関節打撲傷、頭部打撲傷、左足関節打撲傷の傷害を負った被害者に腰痛の症状が発生
素因	退行性の腰椎椎間板ヘルニア
判決要旨	交通事故により、腰椎捻挫、左肩関節打撲傷、頭部打撲傷、左足関節打撲傷の傷害を負った被害者に腰痛の症状が発症した場合に、被害者にはもともと退行性の腰椎椎間板ヘルニアが存在したが無症状であったところ、事故により有症状化して坐骨神経痛症状を来すほどに悪化したものとし、被害者の退行性の腰椎椎間板ヘルニアにつき、1割の素因減額がなされた事例。

101

大阪地裁平成27年3月3日判決［28232925］
◆交通民集48巻2号279頁／自保ジャ1948号106頁
〔一部認容、一部棄却〕

素因減額	5%

被害者	77歳・女・主婦
被害態様	軽度の脊柱変形の後遺障害（11級）
素因	椎間板ヘルニア、変形性腰椎症
判決要旨	1　交通事故により軽度の脊柱変形の後遺障害（11級）の残った被害者（事故当時77歳・女・主婦）に、事故以前から椎間板ヘルニアがあり、変形性腰椎症も患っていた事案につき、被害者の腰部の症状にはこれらの既往症が素因として関与しているものと認められ、公平の観点から一定の減額を要するとされた事例。 2　前記事案につき、被害者の既往症の部位は、あくまでも腰部症状として事故による傷害・後遺障害と併存し、主として被害者の労働能力に影響しているというにとどまり、総損害に対する既往症の影響は相当に限定的なものにすぎないこと、被害者の健康状態については、基礎収入算定の際に考慮しており、減額率を大きくした場合、腰部既往症に関して二重評価していることとなるため、これに十分配慮した減額率を設定する必要があるとして、素因による減額を5パーセントとするのが相当であるとされた事例。

102

横浜地裁平成28年10月31日判決［28244340］
◆交通民集49巻5号1323頁／自保ジャ1986号76頁
〔一部認容、一部棄却〕

素因減額	0%

被害者	52歳・男・主夫
被害態様	頸椎捻挫、腰椎捻挫の傷害を負い、14級の後遺障害が残った事故
素因	腰椎に椎間板ヘルニア等の加齢性変性
判決要旨	交通事故により頸椎捻挫、腰椎捻挫の傷害を負い、14級の後遺障害が残った被害者（事故当時52歳・男・主夫）につき、事故前から腰椎に椎間板ヘルニア等の加齢性変性があったと考えられるが、これらが年齢相応の変化を超えるものであると認めるに足りる証拠はなく、事故前にはこれらの素因を原因とする症状が生じていなかったことに加え、損害の内容、程度も考慮すると、本件において、これらの変性があったことを理由として損害を減額しなければ当事者間の公平を害するというほどの事情があるとはいえないとされた事例。

103

東京地裁平成26年8月29日判決［28230308］
◆自保ジャ1934号91頁
〔一部認容、一部棄却〕

素因減額	0%

被害者	症状固定時42歳・男・派遣社員
被害態様	併合12級の後遺障害
素因	椎間板変性、椎間板ヘルニア、抑うつ症状
判決要旨	1　交通事故の加害者が、被害者には本件事故前から椎間板変性、椎間板ヘルニアが生じており、これが被害者の症状の根本的な原因であるとして素因減額を主張したが、被害者にはその傷害や後遺障害の残存に寄与する身体的素因があったと認めることはできないとされた事例。 2　交通事故の加害者が、被害者の症状の長期化、悪化について、被害者の抑うつ症状が影響しているとして素因減額を主張したが、被害者の抑うつ症状が神経症状に影響を与えたとする医学的な根拠はないこと、被害者の治療経過が明らかに長期化しているとまで認めることはできないことから、当該主張が否定された事例。

104

東京地裁平成 26 年 4 月 23 日判決 [28231553]
◆交通民集 47 巻 2 号 540 頁
〔一部認容、一部棄却〕

素因減額	0%

被 害 者	48 歳・男・建設会社代表取締役
被害態様	椎間板ヘルニア
素　　因	自覚症状がない腰椎椎間板ヘルニア
判決要旨	交通事故被害者に、事故前から自覚症状がない腰椎椎間板ヘルニアが存在し、事故後に発症した場合に、事故による衝撃が椎間板ヘルニアの発症に強く影響したと考えられ、事故がなければ被害者が罹患していた椎間板ヘルニアは発症に至る可能性が低かったとして、損害の公平な分担等の観点に照らし、被害者の既往症を理由に素因減額を行うのは相当とはいえないとされた事例。

105

大阪地裁平成26年3月26日判決［28223539］
◆交通民集47巻2号431頁／自保ジャ1924号52頁
〔一部認容、一部棄却〕

素因減額	0%

被害者	36歳・男・建築業
被害態様	腰椎椎間板ヘルニア
素因	腰椎椎間板ヘルニアや変形性脊椎症・脊柱管狭窄症
判決要旨	交通事故により受傷した被害者の腰椎椎間板ヘルニア等について素因減額をすべきとの加害車運転者側の主張につき、被害者には既往症ないし既存障害があったが、本件事故で中心性頚髄損傷を生じたことに影響した可能性があるといえるにとどまり、受傷や治療期間、後遺障害の内容程度に有意の影響を与えたと認めるに足りる的確な証拠はないとして、素因減額が認められなかった事例。

106

福岡高裁平成25年10月10日判決［28220525］
◆自保ジャ1911号26頁
〔控訴棄却〕

素因減額	0%

被害者	年齢不明・女・保険会社営業所長
被害態様	後遺障害等級14級の障害
素因	椎間板ヘルニア及び椎間板の後方膨隆の存在
判決要旨	交通事故の加害者が、被害者には本件事故以前から椎間板ヘルニア及び椎間板の後方膨隆が存在するとして、素因減額を主張したことにつき、腰椎の椎間板の信号低下はわずかであり、後方膨隆も軽度であること、被害者は、本件事故以前には日常的に頭痛がしたり体のどこかが痛んだりすることはないこと、本件とは別の事故で頸椎及び腰椎を捻挫したものの、これは本件事故から約8年3か月前の事故であることから、素因減額の対象とすべき素因が被害者にあったものとは認められないとされた事例。
上下審	**第一審**：佐賀地裁唐津支部平成25年3月28日判決／自保ジャ1911号37頁［28220526］〔一部認容、一部棄却、反訴棄却〕

107

大阪地裁平成25年8月27日判決［28220766］
◆交通民集46巻4号1106頁／自保ジャ1912号56頁
〔一部認容、一部棄却〕

素因減額	0%

被害者	42歳・男・ビルの清掃・警備等に従事する非正規社員・飲食店でのアルバイト
被害態様	排便・排尿機能障害
素因	ヘルニア
判決要旨	交通事故被害者に、排便・排尿機能障害が生じた場合に、これらについて医学的な証明があるとまではいえない点、被害者にヘルニアの既往症があった可能性がある点、特に排尿機能障害について被害者の心因的影響がある可能性も考えられる点などに照らすと、一定の素因減額を考慮すべき事案であるとも思われるが、これらの症状が被害者に与えている実際の影響は大きいこと、症状内容としては11級相当とされる臓器障害に近いものがあると捉えることも可能とも思われることを考えると、あえて素因を理由に一定割合を減額することが、損害の公平な認定に資するものとは考えられないとされた事例。

108

東京地裁平成 25 年 6 月 20 日判決〔28214157〕
◆自保ジャ 1907 号 149 頁
〔棄却〕

素因減額	0%

被害者	年齢不明・男・タクシー運転手
被害態様	頸部に神経症状などを残した事故
素因	頸椎・腰椎椎間板ヘルニア
判決要旨	交通事故により受傷し、頸部に神経症状などを残した被害者につき、被害者には事故後、頸椎・腰椎椎間板ヘルニアがあるとの所見が得られているが、具体的症状の発生を認める証拠はないことから、被害者のヘルニアが本件事故による受傷の治療及び後遺障害に影響を与えたとまでは認めることはできず、素因減額はしないとされた事例。

109

千葉地裁平成25年6月5日判決［28220043］
◆自保ジャ1908号159頁
〔一部認容、一部棄却〕

素因減額	0%

被害者	症状固定時44歳・男・会社役員
被害態様	外傷性椎間板ヘルニアに伴う神経症状（14級9号）
素因	加齢によるヘルニア
判決要旨	交通事故により受傷し、外傷性椎間板ヘルニアに伴う神経症状（14級9号）を残した被害者（症状固定時44歳・男・会社役員）の逸失利益の算定につき、被害者には事故前にも加齢によるヘルニアがあったものの、通常の労働や生活によって症状が生じていたわけではないこと、事故がなければ日常的には特段の症状なく経過したこと蓋然性があること、被害者の後遺障害は12級12号に該当すべきところ、被害者が14級9号を前提として主張していることから、素因減額を行う必要があるとはいえないとされた事例。

110

大阪地裁平成 25 年 1 月 10 日判決［28212314］
◆交通民集 46 巻 1 号 1 頁 / 自保ジャ 1898 号 40 頁
〔一部認容、一部棄却〕

素因減額	0%

被 害 者	症状固定時 58 歳・男・タクシー運転手
被害態様	頸椎捻挫、頸椎椎間板ヘルニア
素　　因	椎間板ヘルニア
判決要旨	追突事故により頸椎捻挫、頸椎椎間板ヘルニアの傷害を負った被害者につき、頸椎椎間板ヘルニアについては、被害者が別の交通事故に遭って受傷した後、寒い日などには頸部の鈍痛が増す旨述べて病院で受診したこと、既にあった椎間板ヘルニアを原因としたものと診断されたことが認められるが、その後、本件事故に至るまで、被害者はその点についての治療歴は見当たらず、その症状も治まっていたものと解するのが相当であるとして、素因減額が認められなかった事例。

》2. 変形性脊椎・頸椎・腰椎・膝関節

111

大阪地裁平成10年6月26日判決［28041254］
◆判タ1001号196頁
〔一部認容〕

素因減額	55%

被害者	年齢不明・男
被害態様	脊髄損傷の傷害、後遺障害
素因	百貨店内で店員が運搬していた荷物との接触によりエスカレーターの側壁に衝突した事故と、交通事故による脊髄損傷及び変形性脊椎症によるもの
判決要旨	被害者の脊髄損傷の傷害、後遺障害の発症は、百貨店内で店員が運搬していた荷物との接触によりエスカレーターの側壁に衝突した事故と、交通事故による脊髄損傷及び変形性脊椎症によるものであるとし、公平の見地から、民法722条2項の規定を類推適用して、損害賠償額が55パーセント減額された事例。

112

京都地裁平成 26 年 2 月 28 日判決［28223544］
◆自保ジャ 1924 号 115 頁
〔一部認容、一部棄却〕

素因減額	50%

被害者	38 歳（症状固定時 40 歳）・男・株式会社取締役
被害態様	交通事故による受傷で頸椎固定術を受けたこと
素因	外力による衝撃に際して脆弱な、頸椎の直線化があったこと、脊柱管狭窄や骨棘だけではなく脊髄の圧迫が診られ、頸椎椎間板症・頸椎骨軟骨症・頸椎症性神経根症と診断されて、神経症状を起こしやすい状態にあったこと
判決要旨	交通事故による受傷で頸椎固定術を受けた被害者につき、被害者には、本件事故前から、外力による衝撃に際して脆弱な、頸椎の直線化があったこと、脊柱管狭窄や骨棘だけではなく脊髄の圧迫が診られ、頸椎椎間板症・頸椎骨軟骨症・頸椎症性神経根症と診断されて、神経症状を起こしやすい状態にあったことから、被害者の素因が本件事故後の損害の易発化・重篤化に影響したと認められ、他覚症状の変化がないことを考慮すれば、被害者の素因と本件事故は、同程度寄与したものとして、50 パーセントの素因減額が認められた事例。

113

大阪地裁平成 11 年 12 月 15 日判決［28060544］
◆交通民集 32 巻 6 号 1951 頁
〔棄却〕

素因減額	50%

被害者	年齢不明・女・客室乗務員
被害態様	頸部・腰部挫傷の傷害（入院 202 日、症状固定 915 日後）を負い左下肢不全麻痺等（併合８級）の後遺障害を残した事故
素因	頸椎不安定症の既往症があったという体質的素因及び心因的素因
判決要旨	交通事故により頸部・腰部挫傷の傷害（入院 202 日、症状固定 915 日後）を負い左下肢不全麻痺等（併合８級）の後遺障害を残した被害者（年齢不明・女・客室乗務員）につき、頸椎不安定症の既往症があったという体質的素因及び心因的素因を考慮して、損害額の 50 パーセントが減額された事例。

114

名古屋地裁平成10年3月27日判決［28041090］
◆交通民集31巻2号528頁
〔一部認容、一部棄却〕

素因減額	50%

被害者	症状固定時62歳・男・会社員
被害態様	眩暈症、言語障害、四肢麻痺等
素因	頸部等に存在した変形性、進行性疾患
判決要旨	交通事故により受傷し後遺障害を残した被害者（男・症状固定時62歳・会社員）につき、眩暈症、言語障害、四肢麻痺等の症状は、事故前から頸部等に存在した変形性、進行性疾患という体質的素因に本件事故が誘因となって発症、増悪したものであり、右体質的素因は日常生活で経験する程度の出来事を契機として発症、増悪する蓋然性があったとして、民法722条2項を類推適用して、損害額の50パーセントを減額した事例。

115

京都地裁平成27年6月10日判決［28240695］
◆交通民集48巻3号711頁／自保ジャ1960号62頁
〔一部認容、一部棄却〕

素因減額	40%

被害者	症状固定時43歳・男・会社員
被害態様	頸部から上肢及び腰部から下肢の後遺障害
素因	頸部及び腰部の素因
判決要旨	交通事故により、頸部から上肢及び腰部から下肢に後遺障害を負った被害者について、本件被害者には、頸部及び腰部に素因があったと認められ、この素因が本件事故による症状の易発化・重篤化・難治化に影響したとして、40パーセントの素因減額が認められた事例。

116

名古屋地裁平成25年5月22日判決［28213902］
◆自保ジャ1906号93頁
〔一部認容、一部棄却〕

素因減額	30%

被害者	44歳・男・バス運転手
被害態様	頭痛、両肩甲骨部痛、腰痛等
素因	変形性頸椎症（椎間板の変形・突出は年齢に比してかなり進行していた）
判決要旨	交通事故被害者（44歳・男）の損害賠償額の算定につき、被害者に変形性頸椎症の素因が存在していることに争いはないところ、被害者の椎間板の変形・突出は年齢に比してかなり進行し、疾患であるといえ、鑑定は本件事故が後遺障害に寄与した割合は2割であるとするが、当事者双方の車両が全損であったことから疾患がなくとも一定の後遺障害が残存していたといえるため、損害の公平な分担の見地から損害賠償額を3割減額するとされた事例。

117

大阪地裁平成12年5月16日判決［28061755］
◆交通民集33巻3号851頁
〔請求棄却〕

素因減額	30%

被害者	症状固定時58歳・男・自営業者
被害態様	自賠責保険12級12号の後遺障害等
素　　因	頸椎の経年性の変形性脊椎症、糖尿病
判決要旨	交通事故により傷害を負った被害者が、頸椎に経年性の変形性脊椎症の素因を有していたところ、本件事故による衝撃によりこれが発症したため、頸部に損傷を受けたというべきであるが、他方、被害者には既往症として糖尿病が存し、事故による入通院を通じての治療の長期化及びその間被害者が仕事に従事できなかった点にこの影響が存し、これらによる寄与ないし影響の程度は少なくとも3割を下らないとして3割の素因減額がされた事例。

118

東京地裁平成 12 年 1 月 19 日判決［28060962］

◆交通民集 33 巻 1 号 59 頁

〔一部認容、一部棄却〕

素因減額	30%

被害者	年齢不明・男・運輸会社勤務
被害態様	頸部捻挫、腰部捻挫、左股関節捻挫
素因	左変形性股関節症の既往症による身体的素因及び被害者意識等の心因的素因
判決要旨	追突事故により頸部捻挫、腰部捻挫、左股関節捻挫の傷害を負った被害者につき、左変形性股関節症の既往症による身体的素因及び被害者意識等の心因的素因が治療に伴う損害を拡大させたとして、30 パーセントの素因減額が認められた事例。

119

東京地裁平成11年11月30日判決［28060538］
◆交通民集32巻6号1897頁
〔一部認容、一部棄却〕

素因減額	30%

被害者	症状固定時31歳・男・トラック運転手
被害態様	第4・第5頸椎間の前方固定術による脊柱変形・等級11級7号、採骨による骨盤骨変形・等級12級5号、右上肢関節及び手指可動域制限・等級7級
素　因	過去の事故による受傷などを原因とする椎間板変性
判決要旨	追突事故の被害者につき、本件事故以前から過去の事故による受傷などを原因として椎間板変性が存在し、その素因が被害者の治療の長期化や後遺障害の程度に大きく寄与していることが明白であるとし、民法722条2項を類推適用して、損害賠償額が3割減額された事例。

120

大阪地裁平成8年2月2日判決［28021259］
◆交通民集29巻1号196頁
〔一部認容、一部棄却〕

素因減額	30%

被害者	45歳・男
被害態様	変形性頸椎症・腰椎症に基づく症状の後遺症
素因	頸椎と腰椎変形
判決要旨	頸椎と腰椎変形の素因を持っていた男性が追突事故に遭い、変形性頸椎症・腰椎症に基づく症状が後遺症として残った場合に、本件事故と後遺障害との間の相当因果関係が認められたが、被害者が前記素因を有さなかったと仮定した場合には、被害者に長期の治療の必要や後遺障害の発生はなかったとして公平の見地から民法722条2項を類推して3割の減額がなされた事例。

121

大阪地裁平成７年３月30日判決［28011039］
◆交通民集28巻２号572頁
〔一部認容、一部棄却〕

素因減額	30％

被害者	43歳・男
被害態様	受傷（外傷性頸部症候群、頸部挫傷、両軽度感音難聴、両耳鳴り）及び後遺障害（項部痛、腰痛、頸部運動の右屈時の疼痛、右下肢のしびれ、牽引痛、ラセーグ徴候陽性、頸椎運動制限、両軽度感音難聴、両耳鳴り）
素因	頸椎の変性ないし扁平化
判決要旨	停止中の被害車両にわき見運転していた加害車両が追突した事故と受傷及び後遺障害との因果関係が争われた事件において、事故の状況、治療経過、専門家による鑑定等に基づき、被害者の潜在的な身体的素因（頸椎の変性ないし扁平化）が事故により顕在化したことも寄与しているが、事故と被害者の受傷（外傷性頸部症候群、頸部挫傷、両軽度感音難聴、両耳鳴り）及び後遺障害（項部痛、腰痛、頸部運動の右屈時の疼痛、右下肢のしびれ、牽引痛、ラセーグ徴候陽性、頸椎運動制限、両軽度感音難聴、両耳鳴り）との間に因果関係が認められるとしたうえで、右身体的素因の寄与については、過失相殺の規定を類推適用して、損害から３割を減額するのが相当であるとされた事例。

122

大阪地裁平成7年3月22日判決［28011027］
◆交通民集28巻2号458頁
〔一部認容、一部棄却〕

素因減額	30%

被害者	症状固定時64歳・女・縫製下請業者
被害態様	長期の治療及び後遺障害（頸部痛、腰部痛）
素　因	経年性の頸椎・腰椎の変性
判決要旨	追突事故により被害者（女・症状固定時64歳・縫製下請業者）が長期の治療を要し、後遺障害も残したことについて、被害者の経年性の頸椎・腰椎の変性が相当程度寄与していることを理由に、その身体的素因を斟酌し、民法722条を類推適用して損害の3割の減額が認められた事例。

123

横浜地裁平成24年3月1日判決［28181926］
◆交通民集45巻2号297頁 / 自保ジャ1877号77頁
〔棄却〕

素因減額	20%

被害者	症状固定時51歳・女・タクシー会社の日給制社員
被害態様	頸椎捻挫に伴う頭痛、頭部のしびれ感、頸部痛につき14級9号、頸椎捻挫に伴う腰痛、両下肢異常感覚及び筋力低下につきそれぞれ14級9号に該当し、併合14級の後遺障害
素因	椎間板の変性
判決要旨	交通事故により、頸椎捻挫に伴う頭痛、頭部のしびれ感、頸部痛につき、14級9号、頸椎捻挫に伴う腰痛、両下肢異常感覚及び筋力低下につきそれぞれ14級9号に該当し、併合14級の後遺障害と認定された被害者に、事故前から椎間板の変性があったところ、この変性は、椎間板が消失しているなど高度なものであることからすれば、経年変化の程度を超えているものといえ、これにより被害者の神経症状等が重篤になっているものと認められること、他方、頸椎には素因がないことからすると、素因減額としては全損害の2割とみるのが相当であるとされた事例。

124

東京地裁平成15年1月28日判決［28090717］
◆交通民集36巻1号152頁
〔一部認容、一部棄却〕

素因減額	20%

被害者	58歳（症状固定時59歳）・女・主婦
被害態様	左腕のしびれ感・脱力感
素因	変形性脊椎症や頸椎椎間板ヘルニア等
判決要旨	交通事故により左腕のしびれ感・脱力感などの残った被害者につき、被害者の症状は、本件事故によりその頸部・腰部に加えられた外力が契機となって発生したものの、事故前からの脊柱の退行性変化による病変である変形性脊椎症や頸椎椎間板ヘルニア等の疾患を有していたことが原因となって出現したものであり、また、被害者の症状の発現には、事故をめぐる賠償及び保険問題が解決されないことについての不満、焦燥感などの心因性要素が影響しているとして、これら素因を考慮し、民法722条2項を類推適用して、2割の減額がされた事例。

125

京都地裁平成25年12月26日判決［28221819］
◆自保ジャ1916号105頁
〔棄却〕

素因減額	10%

被害者	症状固定時38歳・男・塗装店勤務
被害態様	後遺障害（頭痛など14級、腰痛14級、併合14級）
素因	頸椎椎間板及び腰椎椎間板の変性疾患
判決要旨	交通事故被害者の損害賠償額の算定につき、被害者の後遺障害（頭痛など14級、腰痛14級、併合14級）は、頸椎椎間板及び腰椎椎間板の変性疾患が生じていたところに本件事故が契機となって痛みが発現したことがうかがわれるため、公平の見地から10パーセントの素因減額を行うことが相当であるとされた事例。

126

大阪地裁平成20年8月28日判決［28152442］
◆交通民集41巻4号1072頁
〔一部認容、一部棄却〕

素因減額	10%

被害者	症状固定時43歳・男・給与所得者
被害態様	上肢及び下肢の後遺障害（5級2号）
素因	事故前に行われた第3、第4頸椎の前方固定術
判決要旨	1　交差点で追突事故に遭い、上肢及び下肢に後遺障害（5級2号）が残った被害者が、本件事故の21年前に交通事故に遭い、後遺障害等級12級に該当する後遺障害が発生していた場合に、被害者の前事故の後遺障害（頸部痛）は5年程度で消失した旨供述していること、被害者は前事故当時は若年であり、傷害も比較的治癒しやすかったといえること、本件事故までに21年が経過していることなどから、前回事故による後遺障害は全く残存していなかったというべきであるとし、その他に被害者には先天的な頚部脊柱管狭窄が存在するが、あくまで身体的特徴に止まるとして、素因減額の要素とみるのは相当ではないとされた事例。 2　1の場合に、事故前に行われた第3、第4頸椎の前方固定術により、第4頸椎と第5頸椎との間に不安定症が認められることから、この点は身体的特徴ともいえず、素因減額するのが相当な要素と認められるけれども、事故の衝撃の大きさをも合わせて勘案すると、素因減額割合は1割をもって相当と認めるとされた事例。

127

大阪地裁平成8年7月5日判決［28030043］
◆交通民集29巻4号1020頁
〔一部認容、一部棄却〕

素因減額	10%

被害者	37歳・男・歯科医師
被害態様	外傷性頸部症候群、腰部捻挫の傷害を負い腰痛、腰椎屈曲制限、腱反射低下、筋力低下等（14級10号）の後遺障害を残した事故
素因	腰椎の経年性の変形
判決要旨	追突事故により外傷性頸部症候群、腰部捻挫の傷害を負い腰痛、腰椎屈曲制限、腱反射低下、筋力低下等（14級10号）の後遺障害を残した被害者（37歳・男）につき、医師も腰椎の変形は事故前からの経年性の変形ととらえていたこと、事故による衝撃は腰椎に直接変形をもたらすほど強くなかったことから、素因減額として全損害額の1割が減額された事例。

128

京都地裁平成27年8月3日判決［28243185］
◆交通民集48巻4号953頁
〔一部認容、一部棄却〕

素因減額	0%

被害者	男・旅行社添乗員
被害態様	頸椎捻挫、腰椎捻挫、左肋骨打撲等の傷害
素因	腰椎椎間板の変性・左側腰椎神経痕の軽度圧排・左側椎間孔狭小化の非外傷性変性
判決要旨	腰椎椎間板の変性・左側腰椎神経痕の軽度圧排・左側椎間孔狭小化の非外傷性変性を有する者が、交通事故により頸椎捻挫、腰椎捻挫、左肋骨打撲等の傷害を負った場合に、被害者は、腰部の症状よりも、頸肩部の症状を強く訴えて通院していたから、素因と症状が同一部位とは認め難いことから、これらの傷害について、素因減額は認めないとされた事例。

129

大阪地裁平成27年7月29日判決［28240407］
◆自保ジャ1958号70頁
〔一部認容、一部棄却〕

素因減額	0%

被害者	77歳（症状固定時78歳）・女・高齢者
被害態様	両大腿骨顆上骨折の傷害を負い両膝の関節機能障害併合11級の後遺障害
素因	変形性膝関節症
判決要旨	交通事故により両大腿骨顆上骨折の傷害を負い両膝の関節機能障害併合11級の後遺障害を残した被害者（77歳、症状固定時78歳・女・高齢者）につき、事故前から変形性膝関節症を患っていたところ、既往症が事故の発生に寄与したとは認められず、また、既往症が事故による損害の発生及び拡大に寄与したこと自体明らかでないから、素因減額をしなければ衡平を欠くとも認められないとされた事例。

130

東京地裁平成 26 年 4 月 15 日判決［28224736］
◆自保ジャ 1930 号 151 頁
〔一部認容、一部棄却〕

素因減額	0%

被 害 者	年齢不明・女・専業主婦
被害態様	頸椎及び腰椎捻挫
素　　因	頸椎や腰椎の一部に経年変性、小さな椎間板ヘルニア等
判決要旨	交通事故により頸椎及び腰椎捻挫を受傷した被害者の損害賠償額の算定につき、被害者には頸椎や腰椎の一部に経年変性や小さな椎間板ヘルニア等があるものの、これらによる脊髄圧迫や馬尾神経圧迫等の異常所見は認められないことから、これらの変性等が症状を長期化させたとは認められないこと、経年性の範囲を超えた疾患であるとも認められないため、素因減額はしないとされた事例。

131

東京地裁平成25年12月18日判決［28221952］
◆自保ジャ1917号88頁
〔一部認容、一部棄却〕

素因減額	0%

被害者	年齢不明・男・病院事業管理者
被害態様	頸部腰部の神経症状（14級9号）
素因	変形性頸椎症、腰椎椎間板ヘルニア等
判決要旨	交通事故によって被害者に生じた損害の算定につき、被害者には変形性頸椎症、腰椎椎間板ヘルニアなどの既往症があったが、事故以前にこれらの既往症のため通院加療を必要としてはいなかったこと、事故後頸部痛や腰部痛、上下肢のしびれや筋力低下を継続して生じたことから、既往症について素因減額を認めることは相当でないとされた事例。

132

京都地裁平成 25 年 2 月 5 日判決［28212840］
◆交通民集 46 巻 1 号 212 頁 / 自保ジャ 1901 号 95 頁
〔一部認容、一部棄却〕

素因減額	0%

被害者	年齢不明・男・土木建設業
被害態様	頸椎捻挫の傷害を負い、その後右頸部痛、両手のしびれ、軽度の腰痛により 14 級 9 号の後遺障害の残った事故
素因	頸椎、腰椎等に疾患というべき経年性変性や退行変性があったとはいえない
判決要旨	追突事故により、頸椎捻挫の傷害を負い、その後右頸部痛、両手のしびれ、軽度の腰痛により 14 級 9 号の後遺障害の残った被害者につき、その頸椎、腰椎等に疾患というべき経年性変性や退行変性があったとはいえないとして、素因減額が認められなかった事例。

133

京都地裁平成 25 年 1 月 29 日判決［28212446］
◆自保ジャ 1899 号 111 頁
〔一部認容、一部棄却〕

素因減額	0%

被 害 者	年齢不明・女・ケアマネージャー
被害態様	外傷性頸椎症、外傷性腰椎症等
素　　因	頸椎及び腰椎の退行変性等
判決要旨	交通事故によって外傷性頸椎症、外傷性腰椎症等を受傷した被害者の後遺障害につき、事故後被害者は症状固定日まで一貫して頸部痛及び腰部痛を訴えており、通院治療やリハビリによっていったん症状が改善したものの、再び増悪しているが、被害者の後遺障害についてはいずれも所見に乏しく、これら症状には頸椎及び腰椎の退行変性等が影響していると考えるべきであるが、これが素因だとしても事故前の疾患があったということはできず、素因減額はしないとされた事例。

134

横浜地裁平成24年5月30日判決［28182101］
◆交通民集45巻3号703頁／自保ジャ1879号74頁
〔一部認容、一部棄却〕

素因減額	0%

被害者	41歳・男・会社員
被害態様	頸部痛、上肢の疼痛、痺れ感、感覚低下、筋力低下、腰部痛等
素因	加齢による頸椎の変性変形等
判決要旨	交通事故被害者（事故当時41歳・男・会社員）の症状には事故以前から存した加齢による頸椎の変性変形等が影響しているとしたものの、加齢による頸椎の変性変形や脊柱管狭窄は多少とも誰にでも生ずるものと認められることから、素因減額をしなければ公平を失するほどの事由があると認めることができないとされた事例。

135

岡山地裁平成24年5月17日判決［28212099］
◆交通民集45巻3号670頁
〔一部認容、一部棄却〕

素因減額	0%

被害者	77歳・女
被害態様	頸部捻挫及び頭部打撲傷
素　因	頸椎症、変形性脊椎症等
判決要旨	交通事故により頸部捻挫及び頭部打撲傷の傷害を負った被害車同乗者（事故時77歳・女）につき、本件事故前から頸椎症、変形性脊椎症等に罹患し、マッサージ等の治療を受けていたが、その年齢から加齢性の変化とみる余地もあるなど、既往症により事故による傷害に対する治療が遷延化したかは判然とせず、加害車運転者に損害の全部を賠償させるのが公平を失するほどとはいえないとして、素因減額が認められなかった事例。

» 3. 後縦靱帯骨化症

136

仙台地裁平成 26 年 10 月 15 日判決［28232081］
◆自保ジャ 1943 号 112 頁
〔一部認容、一部棄却〕

素因減額	60%

被害者	59 歳・男・新聞配達と保険外交員
被害態様	身体に現れたしびれや痛み等の各症状
素因	頸椎後縦靱帯骨化症、腰椎椎間板ヘルニア、腰部脊柱管狭窄症
判決要旨	交通事故の被害者の身体に現れたしびれや痛み等の各症状につき、被害者が本件事故前から有していた疾患である、頸椎後縦靱帯骨化症、腰椎椎間板ヘルニアや腰部脊柱管狭窄症は、本件事故で被害者の身体に加わった衝撃とともに、本件事故後の症状の原因となったものといわざるをえないとして、民法 722 条 2 項の規定を類推適用して素因減額が行われ、加害者が賠償すべき範囲は、損害額全体の 6 割とするのが相当であるとされた事例。

137

京都地裁平成 22 年 1 月 21 日判決［28170285］
◆交通民集 43 巻 1 号 16 頁 / 自保ジャ 1844 号 152 頁
〔一部認容、一部棄却〕

素因減額	50%

被害者	年齢不明・男・職業不明
被害態様	後遺障害等級３級の後遺障害
素因	頚椎後縦靱帯骨化症
判決要旨	交通事故により受傷し後遺障害等級３級の後遺障害が残存した被害者につき、本件事故前から被害者が有していた頚椎後縦靱帯骨化症が被害者の症状の発現に大きく寄与した（50 パーセントを下らない寄与があった）ことから、損害賠償額の減額（素因減額）として損害額の 50 パーセントが減額された事例。

138

神戸地裁平成 16 年 8 月 16 日判決［28101620］

◆交通民集 37 巻 4 号 1065 頁

〔一部認容、一部棄却〕

素因減額	50%

被害者	年齢不明・男・職業不明
被害態様	頭部打撲、外傷性頸部症候群等の傷害を負い、四肢のしびれ、上肢巧緻運動障害、歩行障害等の後遺障害（併合 8 級）
素因	頸椎後縦靭帯骨化症と変形性頸椎症
判決要旨	交通事故により頭部打撲、外傷性頸部症候群等の傷害を負い、四肢のしびれ、上肢巧緻運動障害、歩行障害等の後遺障害（併合 8 級）が残った被害者に、頸椎後縦靭帯骨化症と変形性頸椎症の既往症があった場合に、本件事故が既往症による神経症状の発現に主として寄与していると見るのは困難であるが、被害者に対する治療の長期化や後遺障害の発症については、既往症の存在が主たる要因となっているとして、民法 722 条 2 項を類推適用し 50 パーセントの素因減額がなされた事例。

139

東京高裁平成3年2月27日判決［27808913］
◆判時1386号98頁
〔変更〕

素因減額	40%

被害者	症状固定時47歳・男・理容店
被害態様	頸髄症
素因	頸椎後縦靱帯骨化症
判決要旨	交通事故被害者の被った頸髄症に頸椎後縦靱帯骨化症という体質的素因も関与しているとして、民法722条2項の類推適用により、損害額の4割が減額された事例。
上下審	**第一審**：横浜地裁平成2年7月11日判決／判時1381号76頁／判タ746号191頁／交通民集23巻4号849頁［27808146］〔一部認容〕

140

大阪地裁平成21年6月30日判決［28161870］
◆交通民集42巻3号856頁／自保ジャ1815号84頁
〔一部認容、一部棄却〕

素因減額	30%

被害者	症状固定時58歳・男性
被害態様	信号停車中の自動車に追突した加害車（タクシー）に乗車していた被害者が受傷し、四肢麻痺になったこと
素因	脊柱靱帯骨化症
判決要旨	信号停車中の自動車に追突した加害車（タクシー）に乗車していた被害者が受傷した事故につき、本件事故前から被害者には脊柱靱帯骨化症があったことから、被害者の受傷及び後遺障害に対する素因減額を否定することはできないが、加害車後部座席で無防備に眠っていた被害者が足元に転落して頸髄損傷を生じた可能性もそれなりに高いとして、脊柱靱帯骨化症の素因減額割合が3割と認定された事例。

141

名古屋地裁平成28年2月26日判決［28243112］
◆交通民集49巻1号288頁／自保ジャ1972号111頁
〔一部認容、一部棄却〕

素因減額	20%

被害者	40歳（症状固定時41歳）・男・歯科医師
被害態様	治療期間がやや長期間に及び、更に右上肢末梢神経障害（自賠責保険非該当）の後遺障害が残った事故
素因	後縦靱帯骨化症
判決要旨	交通事故被害者（事故時40歳・男・歯科医師）の治療期間がやや長期間に及び、更に右上肢末梢神経障害（自賠責保険非該当）の後遺障害を残したことには、被害者に存した事故前からの後縦靱帯骨化症の影響が明らかであり、単なる加齢的変性の程度を越えた被害者の疾患に当たるとして、被害者の既往症が損害拡大に寄与したものというべく、損害の公平な分担の理念に照らし、20パーセントの素因減額が認められた事例。

142

広島地裁福山支部平成24年11月19日判決[28210915]
◆自保ジャ1890号53頁
〔棄却〕

素因減額	20%

被害者	症状固定時61歳・男・会社員
被害態様	頸椎捻挫の後遺障害（12級）
素因	後縦靱帯骨化症
判決要旨	交通事故の被害者の頸椎捻挫の後遺障害につき、被害者には後縦靱帯骨化症の既往症があり、これが被害者の症状の素因となっていることがうかがわれるとして、20パーセントの素因減額が肯定された事例。

143

大阪地裁平成12年6月28日判決［28061786］
◆交通民集33巻3号1075頁
〔一部認容、一部棄却〕

素因減額	20%

被害者	症状固定時55歳・男・タクシー運転手
被害態様	左上肢に頑固な神経症状、脊柱の変形の併合10級相当の後遺障害
素因	後縦靱帯骨化症等
判決要旨	1　追突事故により頸椎捻挫などの傷害を負い、その後左上肢に頑固な神経症状、脊柱の変形の併合10級相当の後遺障害が残った被害者につき、左上肢の頑固な神経症状については本件事故以前に遭った事故により後遺障害の認定を受けていたから、その分を本件事故による損害から控除することが相当であるとされた事例。 2　上記の場合に、後縦靱帯骨化症等の素因が影響を与えていると認められるから、その分として20パーセント減額することが相当であるとされた事例。

144

東京地裁平成24年7月17日判決［28182444］
◆交通民集45巻4号820頁／自保ジャ1882号13頁
〔一部認容、一部棄却〕

素因減額	0%

被 害 者	症状固定時62歳・女・有職主婦
被害態様	後遺障害等級1級1号の後遺障害
素　　因	後縦靱帯骨化症
判決要旨	後遺障害等級1級1号の後遺障害を残した交通事故の被害者には、後縦靱帯骨化症の既往症があったとして、加害者らが素因減額を主張したことにつき、被害者にそのような既往症が存在したことを認めるには十分ではなく、仮に後縦靱帯骨化症があったとしても、加齢による影響等も全く不明であるとして、素因減額が否定された事例。

》4. 脊柱管狭窄症

145

京都地裁平成 23 年 6 月 10 日判決［28185020］
◆交通民集 44 巻 3 号 765 頁 / 自保ジャ 1862 号 84 頁
〔一部認容、一部棄却〕

素因減額	60%

被害者	症状固定時 48 歳・男・職業訓練中
被害態様	頸椎捻挫、中心性脊髄損傷及び非外傷性精神障害等の傷害を負い、これらによる左上肢の運動障害や疼痛、抑うつ症状等の後遺障害（併合 9 級）の残存
素因	腰部脊柱管狭窄症
判決要旨	追突事故により、頸椎捻挫、中心性脊髄損傷及び非外傷性精神障害等の傷害を負い、これらによる左上肢の運動障害や疼痛、抑うつ症状等の後遺障害（併合 9 級）が残存した被害者につき、その労働能力喪失率は 35 パーセントと認められるが、本件事故後、被害者の日常生活や就労の妨げになっている主たる傷害又は障害は、事故との間の因果関係を肯定できない腰部脊柱管狭窄症に由来する腰部・下肢症状であると認められるから、被害者の損害の算定に当たっては、公平の観点から、症状固定の前後を通じて 6 割の素因減額をするが相当であるとされた事例。

146

大阪地裁平成14年12月25日判決［28090130］
◆交通民集35巻6号1697頁
〔一部認容、一部棄却〕

素因減額	60%

被害者	57歳・男・職業不明
被害態様	神経症状（労働能力喪失率25パーセント）
素因	無症状のまま存在した脊柱管狭窄状態
判決要旨	交通事故により神経症状（労働能力喪失率25パーセント）が発現した被害者（57歳・男）につき、本件事故自体は軽微で重大なものではなく、被害者の障害内容は、無症状のまま存在した脊柱管狭窄状態に本件事故による外力が加わり神経症状が発現したものであり、被害者の損害発生・拡大に被害者の本件事故前から有する脊柱管狭窄状態の素因が大きく寄与しているとして、被害者の損害賠償額から6割が素因減額された事例。

147

大阪地裁平成6年2月17日判決［29006454］
◆交通民集27巻1号155頁
〔一部認容、一部棄却〕

素因減額	50%

被害者	58歳・男
被害態様	両下肢の間歇的痙攣、知覚鈍麻、筋力低下等の後遺障害
素因	脊柱管狭窄症
判決要旨	追突事故により頸椎捻挫等の傷害を負った被害者（58歳・男）に両下肢の間歇的痙攣、知覚鈍麻、筋力低下等の後遺障害が残った事案につき、本件事故が比較的軽微なものであること、同人には事故前から脊柱管狭窄症があり、一触即発の状態で馬尾神経を圧迫する危険のある身体的素因があったこと、事故後稼働日数の減少した月は後遺障害の影響ばかりでなく、心因的要因や他の疾患が影響していると想像されること等を考慮して、損害の公平な分担の理念に照らし、逸失利益算定に当たって5割の減額がされた事例。

148

京都地裁平成 26 年 6 月 13 日判決［28224732］
◆交通民集 47 巻 3 号 709 頁 / 自保ジャ 1930 号 114 頁
〔一部認容、一部棄却〕

素因減額	40%

被害者	症状固定時 48 歳・女・会社員
被害態様	両上肢の筋力低下、手指の運動障害、頸椎部及び左肩関節の可動域制限等の後遺障害（7 級）
素因	脊柱管狭窄や椎間板の膨隆等の変性
判決要旨	両上肢の筋力低下、手指の運動障害、頸椎部及び左肩関節の可動域制限等の後遺障害（7 級）が生じた交通事故被害者に、既往症といえる脊柱管の狭窄や椎間板の膨隆等の変性があった場合に、衝突が、前からの逆突であり、被害者の当時の状況からして予測や防御が不可能であって、被害者の体に対する衝撃が軽微であったとはいい難いことなどから、40 パーセントの素因減額がされた事例。

149

大阪地裁平成15年1月24日判決［28090715］
◆交通民集36巻1号112頁
〔一部認容、一部棄却〕

素因減額	40%

被害者	50歳（症状固定時54歳）・女・パート
被害態様	脊柱に著しい運動障害を残す後遺障害
素因	脊柱管狭窄症
判決要旨	交通事故によって発症した被害者の後遺障害は、本件事故による神経根症状がもともと被害者に存在した脊柱管狭窄症によって増悪し、その緩和のために拡大椎弓形成術を受け、これによって脊柱に著しい運動障害を残す障害が後遺するというより重篤な結果を招いたというのであるから、脊柱管狭窄症自体は疾病とまではいえない身体的特徴にすぎないとしても、最終的に被害者に後遺した障害に関してみれば、被害者の身体的特徴を損害額の算定に当たって斟酌すべき特段の事情のある場合に該当するとして、40パーセントの素因減額がされた事例。

150

大阪地裁平成26年10月31日判決［28231237］
◆自保ジャ1938号53頁
〔一部認容、一部棄却〕

素因減額	30%

被害者	症状固定時49歳・男・飲食店経営者
被害態様	上肢及び下肢の神経症状等（併合11級）
素因	脊柱管狭窄症
判決要旨	交通事故により上肢及び下肢の神経症状等（併合11級）を残した被害者の損害額につき、交通事故がなくとも脊柱管が狭窄して神経を圧迫することがあること、身体的素因がなければ狭窄の程度は事故後一定のはずが、本件被害者の場合、事故後狭窄の程度が悪化していること等から、身体的素因として脊柱管狭窄があったことが認められ、3割の素因減額が相当とされた事例。

151

東京地裁平成13年4月24日判決［28071544］

◆交通民集34巻2号553頁

〔一部認容、一部棄却〕

素因減額	30%

被害者	年齢不明・男・一級造園師
被害態様	脊髄症状（後遺障害等級9級10号）
素因	脊柱管狭窄症、後縦靭帯骨化症
判決要旨	交通事故により受傷した被害者が、事故前に罹患していた脊柱管狭窄症、後縦靱帯骨化症につき、被害者はこれまで治療を受けたことがなく、かかる病態による症状が発現したこともないが、本件交通事故のみを契機にこれらが発症したとは考えられないことから、被害者が受けた治療の程度、期間等を考慮して、30パーセントの素因減額がされた事例。

152

名古屋地裁平成26年2月13日判決［28223119］
◆自保ジャ1922号124頁
〔一部認容、一部棄却〕

素因減額	25%

被 害 者	61歳（症状固定時63歳）・男・職業不明
被害態様	頸髄損傷（併合12級）の後遺障害
素　　因	事故前からの脊柱管の狭窄状態により頸髄が圧迫された部位に、本件事故による外力が加わって生じたものであること
判決要旨	交通事故の被害者の頸髄損傷による損害につき、被害者の頸髄損傷は、本件事故前からの脊柱管の狭窄状態により頸髄が圧迫された部位に、本件事故による外力が加わって生じたものであることから、加害者に損害の全部を賠償させることは公平を失するとして、民法722条2項を類推適用して、25パーセントの素因減額が認められた事例。

153

横浜地裁平成27年7月15日判決［28234100］
◆交通民集48巻4号862頁／自保ジャ1954号43頁
〔一部認容、一部棄却〕

素因減額	20%

被害者	普通乗用自動車を運転していた男性
被害態様	事故前から腰部脊柱管狭窄症による腰痛があり、事故により腰部痛が悪化
素因	事故以前から腰部脊柱管狭窄症の既往があり腰痛を訴えていたこと、その既往症の程度は、通常の加齢現象の限度を超えていたこと
判決要旨	追突事故にあった被害者に事故前から腰部脊柱管狭窄症による腰痛があり、事故により腰部痛が悪化した場合に、被害者は、事故直前に前件事故により傷害を負い、病院でリハビリを開始しようとしたところ本件事故にあったこと、事故以前から腰部脊柱管狭窄症の既往があり腰痛を訴えていたこと、その既往症の程度は、通常の加齢現象の限度を超えていたことなどから、被害者の傷害慰謝料、休業損害等については2割程度の素因減額を免れないとされた事例。
評釈	▶石橋秀起・速報判例解説〔18〕（法学セミナー増刊）67～70頁 2016年4月

154

大阪地裁平成19年7月26日判決［28141797］
◆交通民集40巻4号961頁
〔一部認容、一部棄却〕

素因減額	20%

被害者	年齢不明・男・会社員
被害態様	脊髄損傷による四肢の高度麻痺の後遺障害
素因	発育性脊柱管狭窄
判決要旨	交通事故により脊髄損傷による四肢の高度麻痺の後遺障害が残った被害者につき、被害者の重篤な症状の発生について、被害者の発育性脊柱管狭窄の寄与が認められるとし、被害者にかかる発育性脊柱管狭窄症が著しいこと、事故の態様が、被害者において頸部ないしその周辺部に脱臼や骨折等の明らかな骨傷を負ったわけではないが、事故による衝撃もそれなりに強度であったことなどから、20パーセントの素因減額がされた事例。

155

名古屋地裁平成 19 年 5 月 30 日判決 [28141403]
◆交通民集 40 巻 3 号 741 頁
〔一部認容、一部棄却〕

素因減額	20%

被害者	症状固定時推定 47 歳・男・給与所得者
被害態様	尾骨骨折による痛み（後遺障害 12 級）
素因	脊柱管狭窄
判決要旨	交通事故により受傷した被害者は、脊柱管狭窄という素因を有しており、尾骨部痛に影響を与えている可能性があり、尾骨部痛を労働能力喪失で考慮していることも合わせ、2 割の素因減額が相当とされた事例。

156

名古屋高裁平成26年11月13日判決［28233056］
◆自保ジャ1949号1頁
〔原判決一部変更〕

素因減額	10%

被害者	症状固定時73歳・女・主婦
被害態様	併合2級の後遺障害
素因	胸腰椎移行部の後縦靱帯骨化症に罹患し、これによる強度の脊柱管狭窄
判決要旨	交通事故被害者の素因減額につき、被害者が本件事故以前から胸腰椎移行部の後縦靱帯骨化症に罹患し、これによる強度の脊柱管狭窄があり、これが被害者の脊髄損傷の受傷及び治療や後遺障害の残存に寄与したものというべきであること、他方で、本件事故により、被害者が脊髄等の骨折や脱臼等の明らかな骨傷を負ったわけではないが、本件事故による衝撃もそれなりに強度であったと推認されることに照らすと、本件事故前に後縦靱帯骨化症に伴う症状が発症していなくとも、損害の公平な分担の見地からは素因減額がなされるべきであり、その割合は1割とするのが相当であるとされた事例。
上下審	**第一審**：【157】名古屋地裁平成26年5月30日判決／自保ジャ1927号14頁［28223976］〔一部認容、一部棄却〕

157

名古屋地裁平成26年5月30日判決［28223976］
◆自保ジャ1927号14頁
〔一部認容、一部棄却〕

素因減額	10%

被害者	症状固定時73歳・女・主婦
被害態様	併合2級の後遺障害
素因	後縦靱帯骨化症に罹患していたことによる脊柱管狭窄
判決要旨	交通事故により併合2級の後遺障害を残した被害者につき、被害者が本件事故以前から後縦靱帯骨化症に罹患していたことによる脊柱管狭窄があり、これが被害者の受傷及び治療や後遺障害の残存に寄与したものというべきであること、他方で、脊柱管の狭窄の程度は強くなく、本件事故により、被害者が骨折や脱臼等の明らかな骨傷を負ったわけではないが、本件事故による衝撃もそれなりに強度であったと推認されることに照らし、損害の公平な分担の見地からは素因減額がなされるべきであり、その割合は1割とするのが相当であるとされた事例。
上下審	**控訴審**：【156】名古屋高裁平成26年11月13日判決／自保ジャ1949号1頁［28233056］〔原判決一部変更〕

158

さいたま地裁平成27年1月16日判決［28232384］
◆自保ジャ1945号71頁
〔一部認容、一部棄却〕

素因減額	0%

被害者	症状固定時79歳・男・アルバイト
被害態様	右股関節の可動域制限の後遺障害（12級7号）
素　　因	腰部脊椎管狭窄症、右変形性膝関節症の既往症・既存障害
判決要旨	交通事故の加害者が、被害者には腰部脊椎管狭窄症、右変形性膝関節症の既往症・既存障害があるため、可動域制限について素因減額をすべきである旨を主張したことにつき、これら既往症が被害者の右股関節の可動域制限の拡大要因となっていると認めるに足りる証拠はないとして、否定された事例。

159

名古屋地裁平成26年1月31日判決［28222961］
◆自保ジャ1921号78頁
〔一部認容、一部棄却〕

素因減額	0%

被害者	症状固定時45歳・男・調理師
被害態様	頸部痛、頭痛、両上肢のしびれ等の後遺障害（12級13号）
素　因	脊柱管狭窄、頸椎ヘルニア
判決要旨	交通事故の加害者が3割の素因減額を主張したことにつき、被害者の脊柱管狭窄はもちろん頸椎ヘルニアも本件事故によって生じたものとはいえないが、本件事故前に具体的な症状が出ていたことを認めるに足りる証拠はなく、その程度は加齢に伴う通常の変性の範囲内のものであるとして、否定された事例。

160

さいたま地裁平成25年12月10日判決［28221815］
◆交通民集46巻6号1558頁／自保ジャ1916号81頁
〔一部認容、一部棄却〕

素因減額	0%

被害者	症状固定時54歳・男・無職
被害態様	頸椎症性脊髄症の診断を受け、日常生活において介助を要することとなり、要支援2の認定を受けた事故
素因	脊柱管狭窄及びこれに伴う脊髄圧迫
判決要旨	交通事故により頸椎症性脊髄症の診断を受け、日常生活において介助を要することとなり、要支援2の認定を受けた被害者（症状固定時54歳・男）につき、事故が赤信号で停車中の被害車両に加害車両が追突したものであって、相当程度の衝撃を被害者らに与えたものであることを考慮すると、被害者の頸椎ＭＲＩの検査所見によって認められる脊柱管狭窄及びこれに伴う脊髄圧迫は、頸椎症性脊髄症を発症する程度まで悪化していたということはできず、損害の公平な分担を検討するうえでは、加齢による変化以上の扱いをすることは相当ではなく、この素因を考慮して減額することはしないとされた事例。

》5. 腰椎分離症

161

大阪地裁平成26年11月25日判決［28231469］
◆自保ジャ1940号161頁
〔一部認容、一部棄却〕

素因減額	20%

被害者	22歳（症状固定時23歳）・男・給与所得者
被害態様	頸部挫傷、腰部挫傷の傷害を負い、脊柱変形障害11級7号の後遺障害を残した事故
素因	腰椎分離症
判決要旨	交通事故により頸部挫傷、腰部挫傷の傷害を負い、脊柱変形障害11級7号の後遺障害を残した被害者（22歳、症状固定時23歳・男・給与所得者）につき、被害者の症状には既往症の腰椎分離症が影響しており素因減額をするのが公平であるところ、事故態様からすると、生の因果関係という意味では既往症の寄与は小さくない一方、逸失利益算定に際し、労働能力喪失率を14パーセント、基礎収入を若年ながら被害者主張の事故時の実収入としており、加害行為と損害規模の乖離は相当程度解消、抑制されているとし、20パーセントの素因減額がされた事例。

162

神戸地裁平成 28 年 3 月 17 日判決［28244429］
◆交通民集 49 巻 2 号 381 頁 / 自保ジャ 1979 号 45 頁
〔棄却〕

素因減額	0%

被害者	症状固定時 21 歳・男・高校中退、塗装・電気工
被害態様	第 2 腰椎骨折、左腸骨骨折等の傷害（後遺障害等級併合 8 級）
素因	第 5 腰椎分離症
判決要旨	交通事故により後遺障害を残した被害者下肢の神経症状について、本件事故以前から存する第 5 腰椎分離症が素因として及ぼしている影響を勘案して素因減額すべきとの加害者らの主張につき、被害者が本件事故以前に第 5 腰椎分離症を原因とする通院・治療を行った形跡がないこと等から、被害者の受傷内容や治療経過、後遺症による労働能力喪失率などを考慮し、本件においては素因減額を行わないのが相当とされた事例。

》6. 腰椎すべり症

163

東京地裁平成17年1月27日判決［28111002］
◆交通民集38巻1号163頁
〔一部認容、一部棄却〕

素因減額	50%

被害者	症状固定時52歳・男・無職
被害態様	頸椎捻挫等の傷害を負ったことによる8級2号の後遺障害及び右下肢脱力感、右上肢から左手しびれなどの残存等の9級10号に該当する後遺障害
素因	12級12号に該当する障害（腰椎すべり症）
判決要旨	既往症として12級12号に該当する障害を有していた交通事故の被害者について、民法722条2項を類推適用し、既往症による素因減額として損害額の50パーセントの減額が認められた事例。

164

仙台地裁平成27年1月29日判決［28232383］
◆自保ジャ1945号64頁
〔棄却〕

素因減額	30%

被害者	35歳（症状固定時40歳）・男・ドライバー
被害態様	12級12号の後遺障害
素因	第5腰椎分離すべり症及び右股関節骨軟骨腫症
判決要旨	交通事故の被害者の素因減額につき、被害者の症状及び後遺障害に影響した疾患として、第5腰椎分離すべり症及び右股関節骨軟骨腫症があることが認められるところ、症状固定までに最も時間を要し、また、後遺障害として認められる右腰痛、右下肢の痛み、右下肢のしびれ、こむらがえり及び跛行に影響した第5腰椎分離すべり症について、その影響を考慮して損害額を減額することが相当であるとして、鑑定の結果及び本件後遺障害の状況を踏まえ、素因減額の割合は30パーセントとすることが相当であるとされた事例。

165

東京地裁平成 25 年 10 月 30 日判決［28221450］
◆自保ジャ 1915 号 102 頁
〔一部認容、一部棄却〕

素因減額	15%

被害者	年齢不明・女・パートタイム介護士
被害態様	腰痛及び両下肢痛
素因	第４腰椎すべり症
判決要旨	交通事故の被害者の腰痛及び両下肢痛については、既往症である第４腰椎すべり症が本件事故と共に影響したものと認めるのが相当であるとして、15 パーセントの素因減額が肯定された事例。

166

大阪地裁平成 21 年 9 月 8 日判決［28163258］
◆交通民集 42 巻 5 号 1152 頁
〔一部認容、一部棄却〕

素因減額	50%

被害者	年齢不明・女・職業不明
被害態様	交通事故により右足骨折等の傷害を負った被害者が、けがのリハビリのために小犬の散歩をしていたところ、走り出した小犬に引っ張られて転倒し、左大腿骨骨折の傷害を負った事故
素因	骨粗鬆症
判決要旨	交通事故により右足骨折等の傷害を負った被害者が、けがのリハビリのために小犬の散歩をしていたところ、走り出した小犬に引っ張られて転倒し、左大腿骨骨折の傷害を負った場合に、大腿骨骨折と交通事故との因果関係が認められたが、被害者は、転倒時、骨粗鬆症により極めて骨折しやすい状態であって、左大腿骨骨折も、被害者の骨粗鬆症が大きく影響して生じたものといわざるをえないとし、5 割の素因減額がなされた事例。

167

大阪地裁平成14年11月26日判決［28090121］
◆交通民集35巻6号1587頁
〔主位的請求棄却、予備的請求一部認容、一部棄却〕

素因減額	50%

被害者	31歳・女・家事手伝い
被害態様	頭部・左肩・左小指頭部打撲、左恥骨骨折、第２・５腰椎圧迫骨折（直接的因果関係）、第３・４腰椎圧迫骨折（間接的因果関係）
素因	ウェゲナー肉芽腫症及び骨粗鬆症等
判決要旨	交通事故により受傷した被害者の損害発生・拡大につき、被害者の本件事故前から有するウェゲナー肉芽腫症及び骨粗鬆症等の素因が大きく寄与しているとして、被害者の損害賠償額から５割が素因減額された事例。

168

さいたま地裁平成29年6月1日判決［28260561］
◆交通民集50巻3号720／自保ジャ2007号55頁
〔一部認容、一部棄却〕

素因減額	30%

被害者	症状固定時38歳・男・運転代行業
被害態様	頸椎打撲捻挫、むち打ち症、左胸背部打撲、腰部打撲捻挫の傷害を負い、疼痛症状の残存を主張して治療が長期化したこと
素因	骨粗鬆症
判決要旨	追突事故により頸椎打撲捻挫、むち打ち症、左胸背部打撲、腰部打撲捻挫の傷害を負い、疼痛症状の残存を主張する被害者について、治療が長期間になったこと、被害者の損害が拡大したことには、被害者の頸椎・腰椎の既存の身体的素因による影響があったと推認できるとし、仮にこれらの身体的疾病が、本件事故が誘因となって生じたものであったとしても、事故の程度等からするとそれのみでかかる疾病が生じたとは考え難いことから、骨粗鬆症により頸椎・腰椎に変形が生じやすい状態であったことが要因となって、被害者の症状の重症化に影響を及ぼしたとして、被害者の身体的素因につき3割の素因減額がされた事例。

169

名古屋地裁平成29年6月23日判決［28260099］
◆交通民集50巻3号783頁／自保ジャ2005号85頁
〔一部認容、一部棄却〕

素因減額	20%

被害者	63歳・女・主婦
被害態様	胸椎・腰椎圧迫骨折の傷害を負い、その後に胸腰椎部の変形障害の後遺障害（8級2号）が残った事故
素因	骨粗鬆症
判決要旨	交通事故により胸椎・腰椎圧迫骨折の傷害を負い、その後に胸腰椎部の変形障害の後遺障害が残った被害者（事故時63歳・女）につき、本件事故による受傷にも骨粗鬆症の影響があること、後遺障害の内容に対しても骨粗鬆症の影響が認められること、後遺障害の程度が8級2号に該当すると評価されているが、被害者が受けた衝撃の程度は相当に軽微であって、事故車両の運転者らの受傷程度を比較検討すると、損害の公平な分担の観点から、傷害及び後遺障害を含む被害者の損害全体について20パーセントの素因減額を認めるのが相当であるとされた事例。

170

大阪地裁平成11年5月27日判決［28051748］
◆交通民集32巻3号821頁
〔一部認容、一部棄却〕

素因減額	15%

被害者	症状固定時35歳・男・郵便局保険外交員
被害態様	後遺障害（脊柱に奇形を残すもの、11級）
素因	骨粗鬆的骨体
判決要旨	交通事故により第8胸椎圧迫骨折の傷害を負い約5年間通院治療を受け後遺障害を残した被害者（固定時35歳・男・郵便局保険外交員）につき、事故前からの骨粗鬆的骨体の素因が、事故と相当因果関係ある傷病の発生、症状の発現及び継続について寄与したとして、民法722条2項の類推適用により、15パーセントの寄与度減額が行われた事例。

171

大阪地裁平成27年4月28日判決［28233155］
◆自保ジャ1950号61頁
〔一部認容、一部棄却〕

素因減額	10%

被害者	症状固定時44歳・女・給与所得者
被害態様	左上腕の偽関節8級8号、右鎖骨骨折後の変形傷害12級5号、併合7級相当の後遺障害
素因	骨粗鬆症による骨の脆弱さ
判決要旨	1　交通事故により左上腕の偽関節8級8号、右鎖骨骨折後の変形傷害12級5号、併合7級相当の後遺障害を残した被害者（症状固定時44歳・女・給与所得者）の逸失利益につき、減収は生じていないところ、症状固定前年の収入を基礎に、年齢、職業（事務職）、職業に対する具体的な影響（職場復帰後に仕事に支障が生じているとはうかがえない）、派生する左上肢や右鎖骨部の神経症状を考慮し、労働能力喪失期間を67歳までの23年間、労働能力喪失率を20パーセントとして算定された事例。 2　上記被害者の逸失利益につき、骨癒合の大幅な遷延化には骨粗鬆症による骨の脆弱さが影響を及ぼしていることは否めないとし、10パーセントの素因減額がされた事例。

172

名古屋地裁平成11年9月27日判決［28052626］
◆交通民集32巻5号1475頁
〔一部認容、一部棄却〕

素因減額	10%

被害者	症状固定時46歳・男・ガス配管工
被害態様	頸部痛、後屈制限等の後遺障害（後遺障害等級12級12号）
素因	骨粗鬆症及び椎間板の加齢変化
判決要旨	追突事故により頸部挫傷、頭部打撲傷等の傷害を負い、頸部痛、後屈制限等の後遺障害（後遺障害等級12級12号）の発生した被害者（症状固定時46歳・男）につき、被害者に年相応とはいえ骨粗鬆症及び椎間板の加齢変化があり、被害者の治療の長期化には右のような被害者の身体的素因が寄与しているとみることが可能であり、また、被害者の治療に対する姿勢がやや消極的であったことなどから、被害者に生じた損害をすべて加害者に負担させることは公平の理念に照らし相当ではないとして、1割の寄与度減額がなされた事例。

173

神戸地裁平成28年10月26日判決［28251512］
◆交通民集49巻5号1264頁／自保ジャ1990号90頁
〔一部認容、一部棄却〕

素因減額	0%

被害者	事故当時65歳・女
被害態様	右肩関節脱臼骨折等の傷害
素　因	老人性骨粗鬆症
判決要旨	交通事故により右肩関節脱臼骨折等の傷害を負った被害者（事故当時65歳・女）が、事故前に老人性骨粗鬆症の診断を受け、投薬治療を行っていたことが認められるが、被害者の老人性骨粗鬆症は、比較的軽度の症状であるうえ、年齢相応の症状であるというべきであるから、既往の疾患又は身体的特徴とまで認めることはできないとして、素因減額が認められなかった事例。

》8. 肩痛、頸部痛、腰痛

174

横浜地裁平成28年5月27日判決［28251906］

◆交通民集49巻3号672頁

〔一部認容、一部棄却〕

素因減額	30%

被害者	75歳・男・会社取締役
被害態様	左肩腱板断裂、前十字靭帯不全損傷の傷害を負い、左膝痛の後遺障害が残った事故
素因	左肩関節周囲炎を発症し、肩痛があったこと、これについて肩関節再手術が勧められたこと、及び、膝痛があり、左ひざに膝関節内注射を受けていたこと
判決要旨	交通事故により、左肩腱板断裂、前十字靭帯不全損傷の傷害を負い、左膝痛の後遺障害が残った被害者に、事故前に左肩関節周囲炎を発症し、肩痛があったこと、これについて肩関節再手術が勧められたこと、及び、膝痛があり、左ひざに膝関節内注射を受けていたことなどを考慮すると、少なくとも3割の限度で、被害者の既往症による素因減額を認めるのが相当であるとされた事例。

175

神戸地裁平成27年3月5日判決［28233837］
◆自保ジャ1953号53頁
〔一部認容、一部棄却〕

素因減額	30%

被害者	追突した交通事故の同乗者（年齢不明・女・主婦）
被害態様	腰部挫傷等を受傷
素因	本件事故までに腰椎変遷や度重なる交通事故による腰部への傷害、後遺障害としての腰痛
判決要旨	交通事故被害者の素因につき、被害者は本件事故までに腰椎変遷や度重なる交通事故による腰部への傷害、後遺障害としての腰痛を経験しており、軽重はともかく腰痛の症状があったと容易に推認できるから、被害者の治療経過からすれば損害の30パーセントを素因減額として控除するのが相当とされた事例。

176

京都地裁平成25年9月19日判決［28220230］
◆自保ジャ1910号75頁
〔一部認容、一部棄却〕

素因減額	30%

被害者	62歳（症状固定時63歳）・女・准看護師
被害態様	右肩痛・可動域制限の後遺障害（12級6号）
素因	右肩について本件事故前に症状の増悪を訴え、本件事故による後遺障害と同様に可動域制限も診断されていたこと
判決要旨	交通事故により右肩痛・可動域制限の後遺障害（12級6号）を残した被害者（62歳・女）につき、被害者は本件事故前から頸と右肩の疼痛を訴えて治療・施術を受けていたこと、本件事故後の受傷で主とする右肩について、本件事故前に症状の増悪を訴え、本件事故による後遺障害と同様に可動域制限も診断されていたことから、被害者の素因が、被害者の受傷の易発化・難治化に影響を与えたと認められるとして、30パーセントの素因減額が肯定された事例。

177

大阪地裁平成27年7月30日判決［28240183］
◆自保ジャ1957号95頁
〔一部認容、一部棄却〕

素因減額	20%

被害者	31～32歳（症状固定時35歳）・女・主婦
被害態様	腰椎捻挫、頸椎捻挫、頸椎不安定症（C3／4）、左梨状筋症候群の傷害を負い、左臀部から左下肢にかけての痛み等併合12級の後遺障害が残った事故
素因	腰痛、左臀部痛、左坐骨神経痛
判決要旨	交通事故により腰椎捻挫、頸椎捻挫、頸椎不安定症（C3／4）、左梨状筋症候群の傷害を負い、左臀部から左下肢にかけての痛み等併合12級の後遺障害を残した被害者（31～32歳、症状固定時35歳・女・主婦）につき、事故前にも腰痛、左臀部痛、左坐骨神経痛が出ており、左梨状筋の切除後も前記の後遺障害を残したことに照らすと、事故により梨状筋症候群となり前記の後遺障害を残したことには既往症が影響しているとし、20パーセントの素因減額が相当とされた事例。

178

さいたま地裁平成27年4月10日判決［28233383］
◆自保ジャ1951号131頁
〔一部認容、一部棄却〕

素因減額	20%

被害者	症状固定時49歳・男・コンビニ経営
被害態様	頸椎捻挫等の傷害を負い治療期間が8か月余りに及んだこと
素因	事故以前から肩から腰にかけての疼痛があったこと
判決要旨	交通事故の被害者の素因減額につき、本件事故に伴う治療期間は8か月余りに及んでいるところ、本件事故の程度が重大なものであるとはいい難く、被害者自身も事故の衝撃が救急車を必要とするものであるとは判断していないこと、本件事故の翌日に確認された第6頸椎変形、脊椎の側弯は、本件事故の態様等からみて本件事故により生じたものであるとは考え難く、むしろ経年性のものであると考えられる一方、本件事故以前から肩から腰にかけての疼痛があったことからすると、本件事故により治療を要する程度の疼痛が生じ、その治療期間が8か月余りというやや長期に及んだのは、被害者の既往症等が影響したものと考えざるをえないとして、損害の公平な分担の見地から、2割の素因減額をするのが相当であるとされた事例。

179

大阪地裁平成25年8月29日判決［28221190］
◆交通民集46巻4号1146頁／自保ジャ1914号94頁
〔一部認容、一部棄却〕

素因減額	20%

被害者	症状固定時32歳・男・無職
被害態様	腰椎椎間板ヘルニアの後遺障害
素因	腰痛の症状はあったが、それは腰を酷使した際に出るという程度のものであったこと
判決要旨	交通事故により腰椎椎間板ヘルニアの後遺障害が残った被害者に、事故前から腰痛の症状はあったが、それは腰を酷使した際に出るという程度のものであったところ、被害者にはその素因があったというべきであるとして、腰椎椎間板ヘルニアにかかわる損害について、20パーセントの素因減額がなされた事例。

180

名古屋地裁平成24年7月27日判決［28182334］
◆自保ジャ1881号92頁
〔一部認容、一部棄却〕

素因減額	20%

被害者	症状固定時36歳・女・ヘアメイク
被害態様	両側手のしびれ、書字の困難等、腰痛等の症状
素因	21歳のころに腰椎圧迫骨折をし、事故の2年前ごろから腰等の症状を訴え受診していたこと
判決要旨	1　交通事故被害者の逸失利益につき、後遺障害等級は併合14級であり、被害者の専門的技能、就労及び収入状況等に照らし、賃金センサス女学歴計35歳～39歳平均収入を基礎収入とし、労働能力喪失率5パーセント、労働能力喪失期間10年と認められた事例。 2　本件交通事故は比較的軽微であるものの、既往症であるヘルニアの変性所見がなければ、両側手のしびれ、書字の困難等、腰痛等の症状が発現、残存しなかったとまでは認めえないが、被害者は21歳のころに腰椎圧迫骨折をし、事故の2年前ごろから腰等の症状を訴え受診するなど、損害の拡大に対する既往症の関与は否定し難いとして、2割の素因減額が認められた事例。

181

東京高裁平成24年5月31日判決［28182226］
◆自保ジャ1880号13頁
〔控訴棄却〕

素因減額	20%

被 害 者	症状固定時30歳・女
被害態様	頸椎捻挫、腰椎捻挫の傷害を負い、頸部から右上肢にかけての神経症状の後遺障害
素　　因	腰椎の既往症
判決要旨	追突事故により、頸椎捻挫、腰椎捻挫の傷害を負った被害者（症状固定時30歳・女）につき、右下肢の神経症状には、被害者の腰椎の既往症が影響しているが、本件事故による頸部から右上肢にかけての神経症状の後遺障害が生じたことを総合考慮し、2割の素因減額を行った原審の判断が維持された事例。
上 下 審	**第一審**：東京地裁平成23年2月3日判決／交通民集44巻1号197頁／自保ジャ1848号18頁［28174296］〔一部認容、一部棄却〕

182

大阪地裁平成24年5月22日判決［28210038］
◆自保ジャ1884号142頁
〔一部認容、一部棄却〕

素因減額	5%

被害者	60歳代・男・焼肉店経営、61歳・女・家事従事者
被害態様	被害車運転者と同乗者に腰椎捻挫の傷害
素因	被害者らは、いずれも腰痛を発症する素因を有しており、障害を生じやすい疾患を有していたこと
判決要旨	交通事故により、被害車運転者と同乗者に腰椎捻挫の傷害が発生したところ、被害者らはいずれも、本件事故前に腰痛を発症した形跡はなく、本件事故以外に腰痛を発症する原因が見当たらないことから、本件事故と腰痛との間の相当因果関係が肯定されたが、被害者らは、いずれも腰痛を発症する素因を有しており、障害を生じやすい疾患を有していたものとして、損害の公平な分担の見地から、民法722条2項を類推適用して、5パーセントの素因減額がなされた事例。

183

名古屋地裁平成26年10月22日判決［28231236］
◆自保ジャ1938号39頁
〔一部認容、一部棄却〕

素因減額	0%

被害者	症状固定時43歳・男・有限会社取締役
被害態様	頸部挫傷、腰部挫傷、両膝挫傷の傷害を負い、190日間通院治療
素因	頸部痛及び腰痛等
判決要旨	交通事故により頸部挫傷、腰部挫傷、両膝挫傷の傷害を負い、190日間通院治療した被害者につき、被害者には頸部痛及び腰痛等の既往症があったものの、通院治療を要するほどではなかったと推認されること、事故の結果これら症状が悪化して治療が必要となったものの治療期間が長期化した様子はないことから、既往症の程度に照らし、加害車運転者に全部の賠償をさせるのが公平に失するとまでは認められないとして素因減額は相当でないとされた事例。

184

大阪地裁平成26年3月20日判決［28223981］
◆自保ジャ1927号118頁
〔一部認容、一部棄却〕

素因減額	0%

被害者	症状固定時38歳・男・代表取締役
被害態様	併合10級の後遺障害
素因	腰部に関する既往症（痺れや痛み）
判決要旨	交通事故の被害者の素因減額につき、被害者の腰部に関する既往症（素因）が本件事故によって生じた後遺障害に影響を与えたと認めるに足りないこと、治療経過をみても、腰部の症状がなかったとすればその治療期間が大きく短縮したり治療費が少なく済んだりしたなどの事情を認めるに足りる証拠はないことから、否定された事例。

》9.RSD（反射性交感神経性ジストロフィー症）

185

岡山地裁平成12年4月28日判決［28061319］
◆交通民集33巻2号763頁
〔一部認容、一部棄却〕

素因減額	50%

被害者	症状固定時56歳・男・会社取締役等
被害態様	反射性交感神経性ジストロフィー（後遺障害等級9級）
素因	ブロック注射等を受けていたこと（反射性交感神経性ジストロフィーの治療）
判決要旨	交通事故被害者の反射性交感神経性ジストロフィーは、本件事故により腰部に打撲を受けたことが引き金になって発症したもので、事故と因果関係があるが、被害者の素因も介在していることから、その損害の全部を加害者に負担させるのは衡平を欠き、一定の割合で過失相殺の法理を適用するのが相当であるとして、損害額の50パーセントが減額された事例。

186

神戸地裁平成9年11月18日判決［28040364］
◆交通民集30巻6号1652頁
〔一部認容、一部棄却〕

素因減額	40%

被害者	31歳・男・タクシー運転手
被害態様	外傷性頸部症候群、右上腕神経叢損傷の後遺障害（5級）
素因	反射性交感神経性ジストロフィーの合併が疑われるとの指摘があること、その他諸般の事情
判決要旨	1　追突事故により外傷性頸部症候群、右上腕神経叢損傷の後遺障害（5級）が残った被害者（31歳・男）につき、被害車・加害車の損傷程度からみて事故は比較的軽かったといわざるをえないが、事故以外に他の外的原因が見当たらない以上、本件事故により上記後遺障害が残ったとみるのが相当であるとされた事例。 2　上記被害者につき、右後遺症状は外傷性神経叢損傷のみでは説明が困難なこと、反射性交感神経性ジストロフィーの合併が疑われるとの指摘があること、その他諸般の事情を考慮すると、被害者の身体的素因が寄与しているというべきであるとして、過失相殺法理を類推適用し4割減額して損害賠償額が算定された事例。

》10. 脳血管疾患（脳梗塞、脳出血、脳動脈硬化）

187

神戸地裁平成28年1月20日判決［28243310］
◆交通民集49巻1号23頁 / 自保ジャ1973号54頁
〔棄却〕

素因減額	50%

被害者	63歳・男・事故時無職
被害態様	交通事故により受傷後、脳幹梗塞等により死亡
素因	脳動脈硬化症
判決要旨	交通事故により受傷後、脳幹梗塞等により死亡した被害者の脳動脈硬化症が右椎骨動脈血栓症の発生に大きく影響しているといわざるをえないこと等を考慮し、損害の公平な分担の見地から、民法722条を類推適用して素因減額をするのが相当だが、本件事故当日の被害者の状況等を考慮し、50パーセントの素因減額が認められた事例。

188

大阪地裁平成 23 年 1 月 27 日判決［28174451］
◆交通民集 44 巻 1 号 123 頁 / 自保ジャ 1856 号 78 頁
〔一部認容、一部棄却〕

素因減額	50%

被害者	47 歳（症状固定時 49 歳）・男・米穀店・コンビニエンスストア経営
被害態様	加害車運転者との会話中に脳動脈瘤破裂によるくも膜下出血により転倒
素因	脳動脈瘤
判決要旨	交通事故後、加害車運転者との会話中に脳動脈瘤破裂によるくも膜下出血により倒れた被害者につき、被害者のくも膜下出血は、本件事故により被害者が感じたストレス等に加え、本件事故前から存在した被害者の脳動脈瘤も相まって発症したというべきであるとして、公平の見地から、被害者の損害の 5 割が素因減額された事例。

189

大阪地裁平成14年8月29日判決［28082903］
◆交通民集35巻4号1178頁
〔一部認容、一部棄却〕

素因減額	45%

被害者	症状固定時73歳・女・主婦（家事専従）
被害態様	交通事故後の精神症状やADL（日常生活動作）の悪化
素因	多発性脳梗塞
判決要旨	交通事故により受傷した被害者につき、被害者の本件事故後の精神症状やADL（日常生活動作）の悪化には、多発性脳梗塞の既往症が相当程度寄与しており、被害者の損害には被害者の素因の影響がないと考えられる部分も存するものの、それらの明確な峻別は必ずしも容易でないこと等を考慮し、被害者の損害すべてを通じその4割5分を素因減額するのが相当とされた事例。

190

横浜地裁平成 28 年 3 月 30 日判決［28251373］
◆交通民集 49 巻 2 号 532 頁
〔棄却〕

素因減額	30%

被害者	74 歳・女・家事従事者
被害態様	交通事故に遭った被害者が、事故後、脳梗塞を発症して死亡
素因	事故前から服用していた免疫抑制剤の服用と相まって感染性心内膜炎を発症し、血栓ができて脳梗塞となった可能性が高いこと
判決要旨	交通事故に遭った被害者（当時 74 歳）が、事故後、脳梗塞を発症して死亡した場合に、被害者は、交通事故による外傷性くも膜下出血等の影響により長期臥床状態となって体力及び抵抗力が低下し、その結果、事故前から服用していた免疫抑制剤の服用と相まって感染性心内膜炎を発症し、血栓ができて脳梗塞となった可能性が高いこと、その際、事故による傷害（全身多重外傷）によって血液凝固能及び血液粘稠度の亢進等が生じ、これが脳梗塞発症の基盤として影響したと考えられることから、脳梗塞発症は、事故の寄与割合を 7 割、被害者の素因（免疫抑制による易感染状態）の寄与割合を 3 割として、被害者の葬儀費用、逸失利益及び死亡慰謝料の合計額から 30 パーセントの素因減額がなされた事例。

191

大阪地裁平成 15 年 2 月 6 日判決［28090723］
◆交通民集 36 巻 1 号 219 頁
〔一部認容、一部棄却〕

素因減額	25%

被害者	症状固定時 66 歳・女・兼業主婦
被害態様	意識障害を伴う脳外傷を受傷した結果、意識回復後も見当識障害ないし痴呆の症状が現れ、後遺障害等級２級３号に該当する程度の精神・神経障害
素因	脳梗塞及び軽度痴呆
判決要旨	交通事故により意識障害を伴う脳外傷を受傷した結果、意識回復後も見当識障害ないし痴呆の症状が現れ、後遺障害等級２級３号に該当する程度の精神・神経障害を残して症状固定した被害者（66 歳・女）につき、事故以前から脳梗塞及び軽度痴呆の既存障害（身体的素因）があったことが一定程度寄与しているものとして、民法 722 条２項を類推適用して、２割５分の素因減額がされた事例。

192

東京地裁平成18年3月29日判決［28131053］
◆交通民集39巻2号439頁
〔一部認容、一部棄却〕

素因減額	20%

被害者	症状固定時60歳・男・弁当販売会社代表取締役
被害態様	併合1級相当の後遺障害
素因	脳梗塞
判決要旨	交通事故により併合1級相当の後遺障害を残した被害者につき、本件事故前の脳梗塞が、治療内容・期間及び後遺障害の程度等に影響を与えたことは否定できないとして、本件受傷内容、程度、被害者の本件事故前の症状、脳梗塞が既存障害として12級12号と評価されていることを考慮し、民法722条2項を類推し、被害者の損害から2割程度の素因減額が認められた事例。

193

神戸地裁平成28年6月22日判決［28251910］
◆交通民集49巻3号755頁
〔一部認容、一部棄却〕

素因減額	10%

被害者	76歳・女
被害態様	第3腰椎圧迫骨折の傷害を負った被害者に脊柱の障害等の後遺障害（併合11級）
素　因	年齢相応の脳梗塞、中等度から重度の骨粗鬆症、中等度のアルツハイマー型認知症
判決要旨	交通事故により第3腰椎圧迫骨折の傷害を負った被害者（事故時76歳・女）に脊柱の障害等の後遺障害（併合11級）が残った場合に、被害者は事故当時、年齢相応の脳梗塞、中等度から重度の骨粗鬆症、中等度のアルツハイマー型認知症の既往症があり、認知症の治療薬を服用していたことなどが認められることから、被害者の既往症による素因減額を認めるのが相当であるところ、被害者の既往症は年齢相応というべきであることも考慮すると、10パーセントの素因減額を認めるのが相当であるとされた事例。

194

神戸地裁平成26年3月28日判決［28223711］
◆交通民集47巻2号485頁／自保ジャ1925号137頁
〔一部認容、一部棄却〕

素因減額	0%

被害者	症状固定時74歳・男・タクシー運転手
被害態様	脳挫傷の傷害を負い、外傷性てんかんの症状が発現
素因	脳梗塞及び脊柱管狭窄症
判決要旨	交通事故により、脳挫傷の傷害を負い、外傷性てんかんの症状が発現した被害者（症状固定時74歳）につき、加害者側から被害者に脳梗塞及び脊柱管狭窄症の既往がある旨の主張がなされたが、脳梗塞の発症については認められず、脊柱管狭窄症は加齢による変性であり、その程度が同年齢の者に通常みられる範囲を超えていると認めるに足りる証拠はないとして、素因減額が認められなかった事例。

》11. 呼吸器疾患

195

東京地裁平成28年5月20日判決［29018579］
◆交通民集49巻3号611頁／自保ジャ1982号151頁
〔一部認容、一部棄却〕

素因減額	30%

被害者	45歳・女・専業主婦
被害態様	頸椎捻挫、頭部打撲等の傷害を負い、頚肩の痛み、めまい等の症状が残り、後頚部痛の後遺障害が残った事故
素因	好酸球増加症、気管支喘息、骨粗鬆症、胃潰瘍、腰痛症等の疾患
判決要旨	交通事故により頸椎捻挫、頭部打撲等の傷害を負い、頚肩の痛み、めまい等の症状が残り、後頚部痛の後遺障害が残った被害者（事故時45歳・女・専業主婦）につき、被害者には、事故発生前に、好酸球増加症、気管支喘息、骨粗鬆症、胃潰瘍、腰痛症等の疾患があり、被害者の各症状および後遺障害が残ったことについては、被害者の疾患が影響していると推認されるとして、損害の公平な分担の見地から民法722条2項を類推適用し、3割の素因減額をするのが相当であるとされた事例。

196

大阪地裁平成8年9月27日判決［28030396］
◆交通民集29巻5号1442頁
〔一部認容、一部棄却〕

素因減額	30%

被害者	79歳・男
被害態様	既往症が増悪し心肺機能低下に伴う全身症状の悪化により死亡
素　因	慢性閉塞性肺疾患
判決要旨	1　肺気腫、慢性気管支炎、気管支喘息を伴う慢性閉塞性肺疾患に罹患していた男性（当時79歳）が交通事故に遭い、肋骨骨折によってトラコバンドの装着を余儀なくされ胸部が締めつけられることにより気胸、無気肺という新たな症状が発生し、これらによって既往症が増悪し心肺機能低下に伴う全身症状の悪化により死亡した場合に、慢性閉塞性肺疾患の患者が右のような症状の推移を経て死亡に至ることは特異なことではないと認められ、事故と死亡との間の相当因果関係が認められた事例。 2　事故による被害者の負傷の程度からみて被害者に既往症がなければ死亡することはなかったとして、公平の見地から民法722条2項を類推適用して死亡に対する既往症の寄与割合が3割とされた事例。 3　交通事故の被害者が治療に対して非協力的であったことが認められたが、その態度は被害者の年齢を考え合わせると不自然なものではないとし、被害者の治療態度をもって被害者が生きる努力を放棄したと見るのは行き過ぎであり、これを素因減額に当たって考慮すべきではないとされた事例。

》12. 高血圧

197

東京地裁立川支部平成26年10月14日判決[28231238]
◆自保ジャ 1938 号 64 頁
〔一部認容、一部棄却〕

素因減額	30%

被害者	83歳・女・主婦
被害態様	脳内血腫
素因	高血圧と冠動脈硬化症
判決要旨	交通事故により脳内血腫を生じた被害者につき、同人には高血圧と冠動脈硬化症があったこと、被殻出血が事故による外傷であるとの所見はないことなどから、事故を契機として急激な血圧上昇が起こり内傷性脳内血腫が生じたとして、30パーセントの素因減額が認められた事例。

198

大阪地裁平成27年4月24日判決［28233385］
◆自保ジャ1951号150頁
〔一部認容、一部棄却〕

素因減額	0%

被害者	症状固定時60歳・女・縫製業兼業主婦
被害態様	併合12級の後遺障害
素因	高血圧・骨粗鬆症
判決要旨	交通事故加害者が高血圧・骨粗鬆症の既往症のある被害者（60歳・女）について素因減額を主張したことにつき、本件事故と相当因果関係にあると認められる治療費に、変形性膝関節症に対するものは含まれておらず、また、骨粗鬆症については正常値よりやや低い程度であり、素因減額をすべきとはいえないとされた事例。

» 13. 糖尿病

199

大阪地裁平成28年12月12日判決［28252268］
◆交通民集49巻6号1451頁／自保ジャ1994号14頁
〔一部認容、一部棄却〕

素因減額	0％

被害者	事故時78歳・女・主婦
被害態様	深部静脈血栓症（左大腿骨転子間骨折の傷害を負い、その後下腿部の痛みを訴えるようになり、深部静脈血栓症が疑われワーファリンを投与）
素因	糖尿病
判決要旨	交通事故により左大腿骨転子間骨折の傷害を負い、その後下腿部の痛みを訴えるようになり、深部静脈血栓症が疑われワーファリンの投与を受けた被害者が、事故前から糖尿病に罹患していたとしても、これが深部静脈血栓症に影響を与えることを裏付ける的確な証拠はないとして、素因減額が認められなかった事例。

200

東京地裁平成 26 年 11 月 20 日判決［28231639］
◆自保ジャ 1941 号 79 頁
〔一部認容、一部棄却〕

素因減額	0%

被害者	45 歳・男・カメラマン
被害態様	頸椎捻挫、腰部挫傷等の傷害を負い長期の治療（6 か月）
素因	糖尿病
判決要旨	第 1 交通事故（被害者運転の A 車（普通乗用車）が停止中、B 車（普通乗用車）に追突される）の 1 年後に第 2 交通事故（被害者運転の C 車（普通乗用車）が停止中、D 車（普通乗用車）に追突される）に遭い、第 2 交通事故により頸椎捻挫、腰部挫傷等の傷害を負った被害者（45 歳・男・カメラマン）につき、その治療中に既往症である糖尿病の症状が悪化する傾向にはあったが、第 2 事故による衝撃が相当程度あったことに照らすと、治療期間が 6 か月であることが不相当であるとはいえず、糖尿病等が治療を長期化させたとまでは認められないとし、素因減額がされなかった事例。

》14. 視力、視野障害

201

大阪地裁平成11年11月8日判決［28060525］
◆交通民集32巻6号1762頁
〔一部認容、一部棄却〕

素因減額	40%

被害者	19歳・女
被害態様	両上肢の用の全廃、両下肢の用の全廃（等級1級6号）、神経系統の機能に著しい障害を残し常に介護を要するもの（等級1級3号）、両目の視力が0.02以下になったもの（等級2級2号）の後遺障害（併合1級）
素因	高度の視力・視野障害、左頸部等のしびれなどの既往症及び心因性の要因
判決要旨	交通事故により頭部打撲等の傷害を負い、両上肢の用の全廃、両下肢の用の全廃（等級1級6号）、神経系統の機能に著しい障害を残し常に介護を要するもの（等級1級3号）、両目の視力が0.02以下になったもの（等級2級2号）の後遺障害（併合1級）が残った被害者につき、被害者には事故以前から高度の視力・視野障害、左頸部等のしびれなどの既往症があったことから、被害者の呈した症状をすべて本件事故の受傷に帰することはできず、心因性の要因及び既往症等の体質的素因が相当程度寄与しているものとして、損害の公平な分担の理念から、民法722条を類推適用し、本件事故による損害の4割が減額された事例。

202

京都地裁平成24年11月26日判決［28211510］
◆交通民集45巻6号1341頁／自保ジャ1893号120頁
〔一部認容、一部棄却〕

素因減額	0%

被害者	84歳・男・年金受給権者
被害態様	歩行中に自転車と衝突して死亡
素因	網膜色素変性症による視野狭窄の症状
判決要旨	歩行中に自転車と衝突して死亡した被害者（84歳）が、事故当時、網膜色素変性症のため、視野狭窄の症状があったとしても、これに罹患していなければ被害者が本件事故を回避できたと認めるには証拠が十分でなく、被害者の年齢を考慮すれば、仮に加害車両を発見したとしても、衝突まで約2秒半であり、その間にとっさに体をかわすなどの適切な事故回避措置をとれたかは極めて疑問であるから、被害者の網膜色素変性症と本件事故発生との間の因果関係の証明があるとはいえないとして、素因減額が認められなかった事例。

》15. 加齢的素因、経年性変化

203

大阪地裁平成 14 年 5 月 23 日判決［28081923］
◆交通民集 35 巻 3 号 700 頁
〔一部認容、一部棄却〕

素因減額	70%

被害者	93 歳・男・年金受給者
被害態様	肺気腫が顕在化して無呼吸発作を引き起こしたことによる急性呼吸不全で死亡
素因	年齢（93 歳）及び体質的素因
判決要旨	1　交通事故による傷害の治療のために入院中の被害者につき、肺気腫が顕在化して無呼吸発作を引き起こしたことによる急性呼吸不全で死亡した場合に、被害者には肺気腫及び無呼吸発作の体質的素因を有していたところ、事故による受傷と手術に引き続く入院治療を契機としてもたらされた全身状態の悪化が上記素因と相まって被害者を死亡に至らしめたものとされた事例。 2　前記の場合に、被害者の年齢（93 歳）及び体質的素因の寄与が相当程度認められることから、民法 722 条 2 項を類推適用して 7 割の素因減額を行うのが相当であるとされた事例。

204

京都地裁平成 27 年 1 月 7 日判決［28232802］
◆交通民集 48 巻 1 号 1 頁 / 自保ジャ 1947 号 152 頁
〔一部認容、一部棄却〕

素因減額	30%

被害者	男性
被害態様	右上肢のしびれ等の後遺障害
素因	経年性変化及び先天的血管病変
判決要旨	追突事故被害者に右上肢のしびれ等の後遺障害が残った場合に、事故直後被害者に認められた頸椎狭窄は、その性質からも、約1年半後に圧迫や狭窄が憎悪したことからも、外傷性変化ではなく経年性変化たる素因であったと認められること、被害者の症状について、先天的血管病変が関連しているとの主治医の所見などから、被害者の傷害に基づく治療等と後遺障害は、被害者の既往が易発化・重篤化させたものとして、30 パーセントの素因減額がされた事例。

205

大阪地裁平成25年2月19日判決［28212445］
◆自保ジャ1899号97頁
〔一部認容、一部棄却〕

素因減額	30%

被害者	52歳・男・複数から収入を得る者
被害態様	接触事故により足で踏ん張り転倒を回避したものの脊髄を損傷
素因	加齢による黄色靱帯肥厚及び病的なヘルニア
判決要旨	加害者運転の普通自動車が、被害者の搭乗する停止中の原動機付自転車に接触し、被害者が足で踏ん張り転倒を回避したものの脊髄を損傷したという事故につき、被害者の上肢巧緻性障害は確かに事故を原因とする脊髄損傷によるものであるが、加齢による黄色靱帯肥厚及び病的なヘルニアも影響していること、一方で被害者に元々脊髄症状があったわけではないことから、公平の観点も含め、30パーセントの素因減額を認めるとされた事例。

206

岡山地裁平成 23 年 6 月 23 日判決［28181385］
◆交通民集 44 巻 3 号 800 頁
〔一部認容、一部棄却〕

素因減額	30%

被 害 者	症状固定時 36 歳・男・職業不明
被害態様	頸部捻挫、腰部捻挫の傷害を負い、「局部に神経症状を残すもの」の後遺障害等級 14 級 9 号の後遺障害が残った事故
素　　因	経年性の退行変性等
判決要旨	交通事故により頸部捻挫、腰部捻挫の傷害を負い、「局部に神経症状を残すもの」の後遺障害等級 14 級 9 号の後遺障害が残った被害者につき、事故当時、被害者には経年性の退行変性など外傷以外の要因に基づくものを示す所見に近似する身体状況を素因として有していたと認められ、被害者の訴える症状の部位に照らすと、このような素因が同人の症状の発現及び継続についても寄与するところが相当程度あったと認められるから、民法 722 条 2 項の類推適用により 3 割の素因減額を行うのが相当であるとされた事例。

207

大阪地裁平成21年9月29日判決［28163264］
◆交通民集42巻5号1260頁
〔一部認容、一部棄却〕

素因減額	30%

被害者	65歳（症状固定時66歳）・男・会社代表取締役
被害態様	頸椎椎間板ヘルニア等の傷害
素因	頸椎椎間板の加齢性変化
判決要旨	交通事故により頸椎椎間板ヘルニア等の傷害を負った被害者（症状固定時66歳）に生じた損害につき、被害者の頸椎椎間板の加齢性変化は健常人に比較して高度に進行しているというべきであり、これが被害者の症状に影響を及ぼしたものとして、3割の素因減額がなされた事例。

208

東京地裁平成27年3月19日判決［28232695］
◆自保ジャ1946号60頁
〔棄却〕

素因減額	20%

被 害 者	47歳（症状固定時48歳）・男・アルバイト
被害態様	中心性脊髄損傷の傷害を負い椎弓形成術後の脊柱変形11級7号の後遺障害
素　　因	同年齢に比し強い加齢変性があり、衝撃への抵抗力が弱かったこと
判決要旨	交通事故により中心性脊髄損傷の傷害を負い椎弓形成術後の脊柱変形11級7号の後遺障害を残した被害者（47歳、症状固定時48歳・男・アルバイト）につき、同年齢に比し強い加齢変性があり、衝撃への抵抗力が弱かったことからすると、事故前からの疾患が後遺障害の発生に寄与し治療の長期化にも影響したとし、損害の公平な分担を図るため20パーセントの素因減額がされた事例。

209

京都地裁平成 25 年 11 月 21 日判決［28222534］
◆自保ジャ 1919 号 97 頁
〔一部認容、一部棄却〕

素因減額	15%

被害者	事故当時 58 歳・男・自営カメラマン
被害態様	左拇指ＣＭ関節症（12 級 13 号）
素因	加齢性の要因
判決要旨	交通事故被害者の左拇指ＣＭ関節症（12 級 13 号）につき、同後遺障害はカメラマンとしての長年の負担や加齢（事故当時 58 歳）に加え、事故の外力、右橈骨骨折により左手に負担が集中したために生じたものであるから、加齢性の要因について 15 パーセントの素因減額を行うのが相当であるとされた事例。

210

神戸地裁平成27年3月31日判決［28233380］
◆自保ジャ1951号97頁
〔一部認容、一部棄却〕

素因減額	10%

被害者	症状固定時38歳・女・法律事務所事務職員
被害態様	腰椎椎間板ヘルニア
素因	椎間板の変性
判決要旨	交通事故により腰椎椎間板ヘルニアを発症した被害者につき、被害者の身体に加わった衝撃は軽微なものであったとはいえないが、腰椎椎間板ヘルニアが本件事故により生じたかどうかについてはいまだ判然とせず、被害者の素因により本件事故を契機として腰椎椎間板ヘルニアの症状が出現したことは否定できない一方、本件事故以前に被害者には腰痛等の症状はなく、通院歴もなかったことや、被害者の椎間板の変性自体年齢に比して重篤なものであったとする証拠もないことからすると、素因を過大視することは相当ではなく、素因減額としては10パーセントをもって相当とするとされた事例。

211

東京地裁平成14年1月29日判決［28080986］
◆交通民集35巻1号178頁
〔一部認容、一部棄却〕

素因減額	10%

被害者	56歳（症状固定時57歳）・男・社長付き運転手
被害態様	右肋骨の変形につき後遺障害等級12級5号（胸部痛等もこれに含む）、右上肢の知覚障害につき後遺障害等級12級12号
素因	右上肢知覚障害の基礎にある加齢性の変形性変化
判決要旨	交通事故による被害者（症状固定時57歳・男）の後遺障害につき、右上肢知覚障害の基礎にある加齢性の変形性変化の程度が著しいことから、同年代の一般男性の中での通常の個体差の範疇を超える状態と評価できるとして、素因減額するのが公平であるとし、頸椎椎間板又は椎体の変性を有する者は男女50歳以上では正常者が3パーセントにすぎないことを考慮して、10パーセントの減額が相当とされた事例。

212

横浜地裁平成26年7月17日判決［28232952］
◆交通民集47巻4号904頁
〔一部認容、一部棄却〕

素因減額	0%

被害者	45歳（症状固定時46歳）・男・路線バス運転手
被害態様	頸椎椎間板ヘルニア
素因	頸椎板に経年性の変性
判決要旨	追突事故により、頸椎椎間板ヘルニアを発症した被害者について、被害者が事故当時45歳であったことからすると、事故前から頸椎板に経年性の変性が生じていた可能性は否定できないが、被害者は以前より大型バスの運転者として働いており、本件事故まで頸部痛や上肢のしびれ等の症状によって業務に支障が生じた形跡はうかがわれないこと、本件事故後には頸椎椎間板ヘルニアに伴う顕著な症状が認められていることなどから、被害者の頸椎椎間板ヘルニアは、事故によって生じたものと推認されるとして、素因減額をするのが相当ではないとされた事例。

》16. 身体的特質（体形、体質等）

213

松山地裁今治支部平成20年12月25日判決[28151961]
◆判時2042号81頁 / 交通民集41巻6号1615頁
〔棄却〕

素因減額	70%

被害者	年齢不明・男
被害態様	胸部、右足関節捻挫、頚椎捻挫
素因	右足の変形性足関節症、右関節関節裂隙狭小化、頚椎の癒合等の身体的素因及び被害者の心因的素因
判決要旨	交通事故の被害者（男）の損害につき、被害者に事故前から存する右足の変形性足関節症、右関節関節裂隙狭小化、頚椎の癒合等の身体的素因及び被害者の心因的素因が傷害の発生及び後遺障害の発生・遷延化に与えた影響は大きいとして、少なくとも70パーセントの減額を施すのが相当であるとされた事例。

214

京都地裁平成27年1月7日判決［28232803］
◆自保ジャ1947号160頁
〔一部認容、一部棄却〕

素因減額	40%

被害者	20～21歳（症状固定時21歳）・女・学生
被害態様	左足関節捻挫、腰部捻挫、腰椎椎間板ヘルニア、腰椎分離症、左肩肘捻挫、左関節捻挫等の傷害を負い、腰痛14級9号の後遺障害が残った事故
素因	左利きであり水球歴があること、脊椎分離症は脊椎に屈曲・伸展位動作が反復されることにより椎弓の関節突起間部に疲労骨折を来すことにより発症するとの専門的知見があること、運動を控えるよう指導された後も試合に出場したこと
判決要旨	交通事故により左足関節捻挫、腰部捻挫、腰椎椎間板ヘルニア、腰椎分離症、左肩肘捻挫、左関節捻挫等の傷害を負い、腰痛14級9号の後遺障害を残した被害者（20～21歳、症状固定時21歳・女・学生）につき、左利きであり水球歴があること、脊椎分離症は脊椎に屈曲・伸展位動作が反復されることにより椎弓の関節突起間部に疲労骨折を来すことにより発症するとの専門的知見があること、運動を控えるよう指導された後も試合に出場したこと等から、被害者の素因が治療と後遺障害を易発化・難治化・重篤化させたとし、40パーセントが素因減額された事例。

215

神戸地裁平成26年9月19日判決［28230451］
◆判時2241号134頁／交通民集47巻5号1186頁
〔一部認容、一部棄却〕

素因減額	40%

被害者	52歳（症状固定時53歳）・女
被害態様	両足関節捻挫の傷害を負い、両足関節痛（14級9号）の後遺障害が残った事故
素　因	事故前にも両足関節捻挫を受傷したことがあり、もともと脆弱性のあった両足関節に本件事故による捻挫が加わって後遺障害が残存
判決要旨	交通事故により両足関節捻挫の傷害を負い、両足関節痛(14級9号)の後遺障害を残した被害者につき、本件事故前にも両足関節捻挫を受傷したことがあり、もともと脆弱性のあった両足関節に本件事故による捻挫が加わって後遺障害が残存したものであるとして、後遺障害にかかる損害について40パーセントの素因減額がされた事例。

216

大阪地裁平成13年7月19日判決［28072591］
◆交通民集34巻4号942頁
〔一部認容、一部棄却〕

素因減額	30%

被害者	症状固定時33歳・男・会社員
被害態様	後遺障害等級11級7号の後遺傷害
素因	身体的素因（第一腰椎の陳旧性の変化）
判決要旨	交通事故により受傷した被害者につき、被害者の身体的素因が被害者の受傷に寄与したことも相当程度推認されるとして、3割が寄与度減額された事例。

217

広島高裁平成22年1月28日判決［28173386］
◆判タ1346号203頁／自保ジャ1825号109頁
〔変更〕

素因減額	20%
被害者	症状固定時38歳・女・職業不明
被害態様	脊柱管狭窄
素　因	平均的な体格ないし通常の体質と異なる身体的特質
判決要旨	1　不法行為により傷害を負った被害者が平均的な体格ないし通常の体質と異なる身体的特質を有しており、これが損害の拡大に寄与したとしても、この身体的特質が疾患に当たらないときは、原則として損害賠償の額を定めるに当たり斟酌することはできない。 2　前記疾患に当たるか否かは、単にそれが医学的な疾病に当たるかだけでなく、その態様、程度などに照らし、加害者に損害の全額を賠償させるのが衡平を失するか否かを考慮する必要があり、発育性の素因であって自覚症状がなかったからといって当然に損害額の算定に当たって考慮する対象から外すべきということはできない。 3　交通事故の被害者に認められる脊柱管狭窄が、その程度及び前記衡平の見地に照らし、素因減額において考慮しうる身体的特質であるとして、2割の限度で素因減額が認められた事例。
上下審	第一審：広島地裁平成21年1月30日判決／判タ1346号210頁／自保ジャ1825号110頁［28173387］〔一部認容、一部棄却〕

218

東京地裁平成 26 年 3 月 14 日判決［28223710］
◆自保ジャ 1925 号 123 頁
〔一部認容、一部棄却〕

素因減額	10%

被害者	症状固定時 70 歳・男・手形便業務
被害態様	右 TFCC 損傷及び右月状骨三角骨間靱帯損傷
素因	もともと尺骨が橈骨より長く、事故等の外傷機転があると、その間にある TFCC が損傷を引き起こしやすい状態にあったこと、その程度は 5．4 ミリメートルと長く、病的な所見といえること
判決要旨	交通事故の被害者が右 TFCC 損傷及び右月状骨三角骨間靱帯損傷を負ったことにつき、被害者は、もともと尺骨が橈骨より長く、事故等の外傷機転があると、その間にある TFCC が損傷を引き起こしやすい状態にあったこと、その程度は 5．4 ミリメートルと長く、病的な所見といえることを考慮すると、損害の公平な分担の見地から、被害者の本件事故による人身損害について素因減額をするのが相当であるが、被害者が右 TFCC 損傷及び右月状骨三角骨間靱帯損傷を負った主たる原因は本件事故にあるとして、素因減額の割合は 10 パーセントにとどめるのが相当であるとされた事例。

219

東京地裁平成26年3月27日判決［28223360］
◆自保ジャ1923号83頁
〔一部認容、一部棄却〕

素因減額	0%

被害者	37歳・男・染色作家
被害態様	頸椎捻挫等
素因	頸長体型であり、加齢に伴う頸椎脊柱管狭窄
判決要旨	交通事故により頸椎捻挫等を受傷した被害者につき、被害者は頸長体型であり、加齢に伴う頸椎脊柱管狭窄があるが、直ちに疾患であるとはいえないこと、治療を受けていたなど特段の事情もないことから素因減額は相当でないとされた事例。

220

大阪地裁平成26年3月27日判決［28223979］
◆自保ジャ1927号92頁
〔一部認容、一部棄却〕

素因減額	0%

被害者	症状固定時23歳・女・短期大学1回生
被害態様	顎関節症
素因	身体的特徴（顔面の非対称性、左顔面の肥大）
判決要旨	交通事故の加害者が、被害者の顎関節症には、顔面の非対称性や左顔面の肥大が影響していると考えられ、器質的損傷は認められず、被害者の顎関節症と本件事故との間には因果関係が認められないと主張したことにつき、顔面の非対称性、左顔面の肥大は、身体的特徴と捉えられるべきものであって、その存在によって、因果関係を否定することは困難であるし、それを理由に素因減額をすることも相当ではないとして、否定された事例。

221

大阪地裁平成25年9月19日判決［28220533］
◆自保ジャ1911号129頁
〔一部認容、一部棄却〕

素因減額	0%

被害者	26歳・男・無職
被害態様	左肩不安定症の後遺障害（12級6号）
素因	通常の体質と異なる身体的特徴（左肩に一定の緩み）
判決要旨	交通事故により左肩不安定症の後遺障害（12級6号）を残した被害者につき、仮に被害者の左肩に一定の緩みがあったとしても、それは疾患として評価することは困難であり、通常人と異なって特段に慎重な行動をすべき注意義務があるような著しい体質的要因ともいい難く、通常の体質と異なる身体的特徴という域を出ないものと考えられること、事故態様と損害との間に著しい不均衡があるともいえないことから、素因減額が否定された事例。

» 17. その他

222

神戸地裁平成18年5月16日判決［28131394］
◆交通民集39巻3号665頁
〔一部認容、一部棄却〕

素因減額	80%

被害者	死亡時60歳・男・年金受給権者
被害態様	急性骨髄性白血病に罹患していた被害者が、交通事故により受傷後死亡
素因	白血病素因
判決要旨	急性骨髄性白血病に罹患していた被害者が、交通事故により受傷後死亡した事案につき、被害者の死亡は被害者自らが有していた白血病素因の影響は明らかであり、被害者の死亡による損害の全部を加害者側の負担とするのは公平に反するとして、被害者が死亡により被った損害のうち8割は被害者の白血病素因に基づく損害として減額された事例。

223

千葉地裁平成7年4月19日判決［28011049］
◆交通民集28巻2号646頁
〔一部認容、一部棄却〕

素因減額	80%

被害者	37歳・男・小型貨物自動車運転手
被害態様	頸椎椎間板損傷等の傷害を負い、通院加療中、急性心停止で死亡
素因	軽度の鬱血性心不全及び肥満、高血圧等
判決要旨	大型貨物自動車に追突された小型貨物自動車の運転手が頸椎椎間板損傷等の傷害を負い、通院加療中、急性心停止で死亡した事故につき、被害者の既往症である軽度の鬱血性心不全及び肥満、高血圧等の体質的素因とが寄与したとして、民法722条を類推適用して、8割の減額が認められた事例。

224

大阪地裁平成 15 年 8 月 27 日判決［28092181］

◆交通民集 36 巻 4 号 1076 頁

〔一部認容、一部棄却〕

素因減額	75%

被害者	症状固定時 41 歳・男・高校教員
被害態様	右大腿部内側に出現した疼痛
素因	神経鞘腫
判決要旨	交通事故に遭った後、被害者の右大腿部内側に出現した疼痛は、事故の衝撃ないしはその際の打撲の治療が原因となって、既往の「神経鞘腫」による疼痛が出現したものと認められるところ、そもそも「神経鞘腫」がなければ、打撲程度の軽症であったと認められるとして、被害者の「神経鞘腫」を素因として損害額を減額するのが当事者の公平の理念に資するというべきであるとし、75 パーセントの減額がされた事例。

225

神戸地裁平成13年9月5日判決［28072960］
◆交通民集34巻5号1231頁
〔一部認容、一部棄却〕

素因減額	70%

被害者	30歳・女・主婦
被害態様	腰椎捻挫ないし腰椎椎間板ヘルニアによる腰部から臀部にかけての疼痛
素因	退行変性等の身体的素因及び事故後に生じた日常生活上の何らかの要因
判決要旨	スーパーマーケットの駐車場から出ようとした加害車が、駐車待ちのために停車していた被害車に追突した事故により、被害車運転者（30歳・女・主婦）に、腰椎捻挫ないし腰椎椎間板ヘルニアによる腰部から臀部にかけての疼痛が残存した場合に、被害者の傷害及び後遺障害の発生及び拡大については、事故当時から存する被害者の身体的素因及び事故後に生じた日常生活上の何らかの要因が寄与しているとして、民法722条2項を類推適用して、損害額から7割が減額された事例。

226

大阪地裁平成24年10月25日判決［28211404］
◆自保ジャ1892号106頁
〔一部認容、一部棄却〕

素因減額	50%

被害者	63歳（症状固定時66歳）・女・専業主婦
被害態様	頸椎椎体骨折
素因	事故当時から掌蹠膿疱症性脊椎炎ないし関節炎の既往症が存し、頸椎椎体が脆くなっていたこと
判決要旨	交通事故の被害者の頸椎椎体骨折につき、被害者には本件事故当時から掌蹠膿疱症性脊椎炎ないし関節炎の既往症が存し、頸椎椎体が脆くなっていたと解され、椎体骨折を生じ易い疾患を有していたといえること、本件事故により被害者の身体に加わった外力の程度がそれほど重大なものとは解されないこと、事故直後の被害者の愁訴の状況等の事情から、被害者の既往症が負傷の程度、症状の増悪に大きく影響しているとして、民法722条2項を類推適用し、50パーセントの素因減額がされた事例。

227

大阪地裁平成7年12月11日判決［28020945］
◆交通民集28巻6号1720頁
〔一部認容、一部棄却〕

素因減額	40%

被害者	症状固定時61歳・男
被害態様	脳挫傷、急性硬膜下血腫、外傷性水頭症等の傷害を負ったことによる痴呆症状を残した事故
素因	脳萎縮を伴う脳室拡大
判決要旨	1　交通事故により脳挫傷、急性硬膜下血腫、外傷性水頭症等の傷害を負い、痴呆症状を残した被害者（症状固定時61歳・男）につき、本件痴呆症状は、受傷前から既に存した脳萎縮を伴う脳室拡大に加え、本件事故により外傷性水頭症が発症したために生じたものであるとして、事故と後遺障害との間の相当因果関係が肯定された事例。 2　上記被害者につき、痴呆症の発生機序、症状の推移、治療経過を勘案すれば、被害者が事故前から有していた脳室拡大の素因が痴呆発症に与えた寄与度は4割であるとして、寄与度減額が認められた事例。

228

名古屋地裁平成29年6月16日判決［28260562］
◆交通民集50巻3号764頁／自保ジャ2007号70頁
〔一部認容、一部棄却〕

素因減額	30%

被害者	事故時43歳・男・会社取締役・動物病院院長
被害態様	左膝蓋骨不全骨折
素因	先天的な膝蓋骨不安定症等
判決要旨	追突事故の被害者が、左膝蓋骨不全骨折の傷害を負ったと主張した場合に、事故の衝撃がさほど大きなものでなかったとしても、その運転姿勢からして左膝を前方にぶつけるということも不自然とはいえないとして、本件事故による左膝の受傷が認められたが、その受傷には、被害者の先天的な膝蓋骨不安定症等の影響が考えられること、主治医も、左膝の運動時痛とクリックが長期に残存したのは、被害者の素因が原因と考えられる旨の意見を述べていることからすると、損害全体を通じて30パーセントの素因減額をするのが相当であるとされた事例。

229

神戸地裁平成28年1月27日判決［28243114］
◆自保ジャ1972号154頁
〔一部認容、一部棄却〕

素因減額	30%

被害者	70歳・男
被害態様	右大腿骨頭壊死
素因	関節臼蓋形成不全及び腰椎症の症状
判決要旨	交通事故被害者に生じた右大腿骨頭壊死につき、被害者の同症状には事故前からの股関節臼蓋形成不全及び腰椎症の症状が大きく作用していたと認められるから、被害者の同症状に対する自己の寄与割合は30パーセントであり、被害者の損害について減額が認められるとされた事例。

230

神戸地裁平成26年11月26日判決［28231640］
◆交通民集47巻6号1430頁／自保ジャ1941号96頁
〔一部認容、一部棄却〕

素因減額	30%

被害者	症状固定時66歳・男・会社員（交通誘導警備）
被害態様	打撲による髄液漏れ
素因	頭蓋形成術を受けるなかで繰り返し感染してきたという被害者の既往症（ないし疾患）
判決要旨	交通事故により被害者が受けた外傷は打撲傷であり、必ずしも重篤とはいえないものであったにもかかわらず髄液漏れが生じることとなったのは、本件事故以前にくも膜下出血等のために人工骨を取り付けていたことが影響し、さらに人工骨を除去し、これを取り付けられない状況になって治療が長期化したのは、これまで被害者が頭蓋形成術を受けるなかで繰り返し感染してきたという被害者の既往症（ないし疾患）が影響していることは否定できないが、他方、被害者が人工骨を使用した頭蓋形成術を受けて以降本件事故に遭うまでのほぼ6年間、特に問題もなく就労してきたことからすれば、被害者に生じた損害の30パーセントを素因減額として控除するのが相当であるとされた事例。

231

京都地裁平成26年2月4日判決［28223708］
◆自保ジャ1925号114頁
〔一部認容、一部棄却〕

素因減額	30%

被害者	事故当時62歳（死亡時63歳）・男・警備員
被害態様	交通事故により傷害を負い、その合併症たる肺炎によって死亡
素因	もともと被害者が既往していた強直性脊椎炎によって全脊髄に極めて高度な不撓性が存在していたため、重篤な状態となったこと
判決要旨	交通事故により傷害を負い、その合併症たる肺炎によって死亡した被害者につき、被害者の傷害は、もともと被害者が既往していた強直性脊椎炎によって全脊髄に極めて高度な不撓性が存在していたため、重篤な状態となったことが認められることから、民法722条2項を類推適用して、強直性脊椎炎を素因とする30パーセントの素因減額がされた事例。

232

大阪地裁平成11年7月1日判決［28052226］
◆交通民集32巻4号1077頁
〔一部認容、一部棄却〕

素因減額	30%

被害者	50歳・男
被害態様	頸椎捻挫、腰椎捻挫
素因	先天的な痙性麻痺
判決要旨	追突事故により頸椎捻挫、腰椎捻挫の傷害を負った被害者（50歳・男）につき、被害者の先天的な痙性麻痺の素因が、本件事故と相当因果関係のある症状の発現及び継続についても寄与するところが相当程度大きかったとして、民法722条2項の類推適用により30パーセントが減額された事例。

233

さいたま地裁平成26年1月21日判決［28222963］
◆自保ジャ1921号98頁
〔一部認容、一部棄却〕

素因減額	20%

被害者	年齢不明・男・有限会社経営
被害態様	第１仙椎神経根の周囲の嚢胞
素　因	神経鞘腫など被害者がもともと罹患していた何らかの疾病
判決要旨	交通事故の被害者の損害額につき、被害者の第１仙椎神経根の周囲の嚢胞については、本件事故を原因として発症したことを認めるに足りる証拠はなく、むしろ神経鞘腫など被害者がもともと罹患していた何らかの疾病であって、被害者の右下肢の症状に影響しているものと推認することができるとして、損害の公平な分担の見地から、素因減額として２割に相当する額が控除された事例。

234

仙台地裁平成 25 年 11 月 28 日判決［28222962］
◆自保ジャ 1921 号 89 頁
〔一部認容、一部棄却〕

素因減額	20%

被害者	49 歳（症状固定時 51 歳）・女・小学校教諭
被害態様	頸椎捻挫後の右頸部痛、両手指のこわばり・しびれに加えて、第3腰椎圧迫骨折を原因とする腰背部痛、右股関節近傍の痛み、第3腰椎圧迫骨折による脊柱の変形による神経症状
素因	シェーグレン症候群に罹患してその治療を受けていたこと
判決要旨	交通事故の加害者が、被害者の症状は、シェーグレン症候群を始め、多彩で一貫性がなく、治療の改善効果もないことから、被害者本人の心因及び身体的素因が影響した結果であるとして、素因減額を主張したことにつき、被害者は、シェーグレン症候群に罹患してその治療を受けていたところ、被害者の症状や治療経過にかんがみれば、本件事故による被害者の神経症状について前記疾患による影響があると認められるとして、その影響は損害額の2割とされた事例。

235

さいたま地裁平成23年11月18日判決［28180643］
◆交通民集44巻6号1423頁 / 自保ジャ1866号67頁
〔一部認容、一部棄却〕

素因減額	20%

被害者	35歳・女・アルバイト
被害態様	過敏性腸炎によって入院
素因	身体的素因として存在していた過敏性腸炎
判決要旨	被害者が、交通事故後に過敏性腸炎によって入院した場合に、この入院は、被害者の身体的素因として存在していた過敏性腸炎が本件事故を原因として重篤化したことによって必要となったことが明らかであるから、事故と過敏性腸炎による入院に伴う損害の発生との相当因果関係は肯定され、加害行為と被害者の疾患がともに原因となったことを斟酌して、過失相殺の規定の類推適用により、過敏性腸炎による入院によって生じた損害額の20パーセントの減額がなされた事例。

236

東京地裁平成 21 年 3 月 31 日判決［28161234］
◆交通民集 42 巻 2 号 506 頁
〔一部認容、一部棄却〕

素因減額	20%

被害者	症状固定時 31 歳・男・代表取締役
被害態様	頭部外傷により、高次脳機能障害及び左顔面から頸部にかけての不随意運動等のジストニア
素因	ジストニアの疾病素因
判決要旨	交通事故による頭部外傷により、高次脳機能障害及び左顔面から頸部にかけての不随意運動等のジストニアの症状の残った被害者につき、被害者が有していたジストニアの疾病素因を勘案して、損害の公平な分担という見地から 2 割の素因減額がされた事例。

237

東京地裁平成19年12月20日判決［28142330］
◆交通民集40巻6号1666頁
〔一部認容、一部棄却（3651号）、認容（9271号）〕

素因減額	20%

被害者	57歳・女・家事労働
被害態様	頸髄損傷
素因	脊髄圧迫
判決要旨	交通事故の被害者が被った頸髄損傷につき、本件事故と事故以前から存在していた脊髄圧迫がともに原因となって発生したものであり、民法722条2項を類推適用して、20パーセントの素因減額が認められた事例。

238

大阪地裁平成14年2月22日判決［28080996］
◆交通民集35巻1号251頁
〔一部認容、一部棄却〕

素因減額	20%

被害者	症状固定時33歳・男・整骨院勤務
被害態様	後遺障害（左肩関節機能障害）
素因	動揺性肩関節
判決要旨	交通事故による被害者（症状固定時33歳・男・整骨院勤務）に残った後遺障害（左肩関節機能障害）につき、被害者が動揺性肩関節であったために実施された関節窩骨切術の移植骨の圧潰による激痛が原因であることから、動揺性肩関節が損害の拡大に一定の寄与をしているとして、民法722条2項を類推適用し、20パーセントの素因減額が認められた事例。

239

大阪地裁平成 10 年 10 月 27 日判決［28050032］
◆交通民集 31 巻 5 号 1569 頁
〔一部認容、一部棄却〕

素因減額	20%

被害者	23 歳・男
被害態様	脳挫傷、急性硬膜下血腫等の傷害を負い入院治療中に死亡
素因	先天性心疾患
判決要旨	1　交通事故により脳挫傷、急性硬膜下血腫等の傷害を負い入院治療中に死亡した被害者（23 歳・男）につき、事故による長期臥床及び手術侵襲に基づく体力消耗・抵抗力低下、細菌等の混入による敗血症並びに先天性心疾患（ファロー四徴症）が相まって心不全状態となり死亡したものであり、事故と死亡との間に相当因果関係があるとされた事例。 2　上記事実によれば、先天性心疾患が死亡という結果に相当程度影響していたと認められるとして、死亡に関する損害である逸失利益、死亡慰謝料及び葬儀費用につき、民法 722 条 2 項の類推適用により 20 パーセントの素因減額が行われた事例。

240

岡山地裁平成8年2月19日判決［28021266］

◆交通民集29巻1号241頁

〔一部認容、一部棄却〕

素因減額	20%

被害者	年齢不明・妊娠4か月
被害態様	交通事故の約2か月半後に帝王切開により未熟児を出産し、約1時間後に児が死亡
素因	早産しやすい身体的素因と事故による心身に対する衝撃、生存率が極めて低い段階の未熟児であったこと
判決要旨	交通事故に遭い負傷した妊娠4か月の被害者が、約2か月半後に帝王切開により未熟児を出産し、約1時間後に児が死亡した事案につき、早産及び児の死亡は被害者の早産しやすい身体的素因と本件事故による心身に対する衝撃が競合して生じたものであること、生存率が極めて低い段階の未熟児であったこと、事故が加害車運転者の一方的過失によって生じたものであることを考慮して、被害児の逸失利益が20パーセント減額して算定された事例。

241

大阪地裁平成25年12月13日判決［28230030］
◆交通民集46巻6号1571頁
〔一部認容、一部棄却〕

素因減額	10%

被害者	31歳・男・キックボクシングトレーナー
被害態様	左膝前十字靭帯完全断裂
素　因	靭帯再建術を受けた後約5か月半後で靭帯の成熟が未熟な時期であったこと
判決要旨	交通事故により左膝前十字靭帯完全断裂を受傷した被害者につき、本件事故は被害者が靭帯再建術を受けた後約5か月半後であり、靭帯の成熟が未熟な時期であったことも影響しているが、本件事故がなければあと半年ほどで左ひざの靭帯再建も完成して、さしたる後遺障害を残すことなく軽快していた可能性もあることによれば、被害者の損害全体に対する素因減額の割合は1割にとどめるのが相当であるとされた事例。

242

大阪地裁平成17年6月3日判決［28111411］
◆交通民集38巻3号743頁
〔一部認容、一部棄却〕

素因減額	10%

被害者	症状固定時25歳・男・石工（積み工）
被害態様	腱板損傷
素因	通常の労働者に比して肩に強い機械的刺激が相当長期間繰り返し加わってきたことによる著しい肩腱線維の損傷準備状態ないし疲労状態
判決要旨	1　交通事故の被害者の素因減額につき、素因減額は、ある程度幅を有する平均的通常人から著しくかけ離れた体質を有する者が当該事故により通常被ると予想されるより相当大きな損害を被った場合にこれを公平の観点から調整する趣旨に出たものであるから、被害者にとってある程度予測可能なものであれば足り、必ずしも特定の疾患名を冠することを要しないとされた事例。 2　交通事故の被害者（症状固定時25歳・男・石工（積み工））につき、被害者には「積み工」として通常の労働者に比して肩に強い機械的刺激が相当長期間繰り返し加わってきたことにより著しい肩腱線維の損傷準備状態ないし疲労状態が素因として存在し、これに事故による軽微な外力が加わって腱板損傷が発症したものと解するのが相当であるとして損害額の1割が減額された事例。

243

京都地裁平成26年10月14日判決［28231641］
◆交通民集47巻5号1272頁／自保ジャ1941号107頁
〔一部認容、一部棄却〕

素因減額	1％

被害者	死亡時67歳・女・主婦（家事従事者）
被害態様	交通事故により受傷後死亡
素因	心房細動
判決要旨	交通事故により受傷後死亡した被害者（死亡時67歳・女・主婦（家事従事者））につき、被害者の死亡には既往症である心房細動が影響していることも明らかであるとして、損害の公平な分担という観点から素因減額すべきであり、ワーファリン投与が行われていれば既往症の影響は約1パーセントに抑えられていたとして、1パーセントの素因減額が認められた事例。

244

横浜地裁平成27年7月6日判決［28234314］
◆自保ジャ1955号108頁
〔一部認容、一部棄却〕

素因減額	0%

被害者	年齢不明・男・失業者
被害態様	頸椎捻挫の傷害を負い6か月間通院
素因	頸椎捻挫（事故の8か月前に受傷）や精神疾患の既往症
判決要旨	交通事故により頸椎捻挫の傷害を負い6か月間通院した被害者（年齢不明・男・失業者）につき、被害者には頸椎捻挫（事故の8か月前に受傷）や精神疾患の既往症があったところ、事故後に診察した医師はその病態に影響を与える要因として既存の疾患や受傷、心因、賠償要因を挙げるが、そのために事故による受傷の治療期間が遷延化したとまではいえないとし、素因減額が認められなかった事例。

245

名古屋地裁平成27年3月11日判決［28232698］
◆自保ジャ1946号85頁
〔一部認容、一部棄却〕

素因減額	0%

被害者	77歳・男・会社役員
被害態様	右上腕骨頸部骨折、右橈骨遠位端骨折
素因	頸椎症性神経根症を原因とする右肩肘弛緩性麻痺による自動運動不能の既往症
判決要旨	交通事故により右上腕骨頸部骨折、右橈骨遠位端骨折の傷害を負った被害者（77歳・男・会社役員）につき、後遺障害の残存は認められず、頸椎症性神経根症を原因とする右肩肘弛緩性麻痺による自動運動不能の既往症により入通院期間が長期化するなどし損害が拡大したとは認めるに足りず、入院雑費、付添看護費、休業損害、傷害慰謝料について損害の公平な分担のために素因減額すべき事情は見当たらないとして、過失相殺の規定を類推適用して素因減額がなされるべきとの加害者の主張が排斥された事例。

246

京都地裁平成26年10月24日判決［28231647］
◆自保ジャ1941号159頁
〔一部認容、一部棄却〕

素因減額	0%

被害者	58歳（症状固定時59歳）・男・会社員
被害態様	右股関節の脱臼等・右膝靱帯の損傷等の傷害を負い併合9級相当の後遺障害を残した事故
素因	痙性片麻痺
判決要旨	交通事故により右股関節の脱臼等・右膝靱帯の損傷等の傷害を負い併合9級相当の後遺障害を残した被害者（58歳、症状固定時59歳・男・会社員）につき、事故の4か月後に右肩関節の疼痛等を訴え痙性片麻痺と診断され、右下肢全体の筋硬直・右足関節可動域制限を遺して症状固定と診断され、事故によるものとは認められない左側脳室後角脳萎縮が原因と疑われているところ、痙性片麻痺が難治化・重篤化に寄与したとは認められないとし、素因減額は認めないとされた事例。

247

福岡地裁平成26年6月19日判決［28223072］
◆自保ジャ1928号114頁
〔棄却〕

素因減額	0%

被害者	症状固定時38歳・男・廃棄物収集運搬業勤務
被害態様	後遺障害（神経症状）（14級9号）
素因	左肩腱板の変性
判決要旨	交通事故の被害者の素因減額につき、被害者には左肩腱板の変性が認められており、これが外傷性によるものであると認めることができない以上、本件事故前から存在していた可能性は高いというべきであるが、左肩腱板の変性の発生時期の特定はされておらず、被害者の後遺障害（神経症状）に対する影響の有無及び程度については明らかではないとして、否定された事例。

248

福井地裁平成 26 年 5 月 2 日判決［28232309］
◆交通民集 47 巻 3 号 589 頁
〔一部認容、一部棄却〕

素因減額	0%

被害者	54 歳・女・保険外務員
被害態様	頸椎捻挫及び右肩捻挫の傷害を負い、頸部痛、肩こり、両手のしびれ等の後遺障害が残った事故
素因	椎間板の狭小化、椎間板の膨隆及び骨棘
判決要旨	追突事故により頸椎捻挫及び右肩捻挫の傷害を負い、頸部痛、肩こり、両手のしびれ等の後遺障害が残った被害者（事故当時 54 歳）に、事故の前から、椎間板の狭小化、椎間板の膨隆及び骨棘が存在したが、いずれも年齢に相応する程度ものであったことなどから、素因減額が認められなかった事例。

249

松山地裁平成26年2月7日判決［28223118］
◆自保ジャ1922号109頁
〔一部認容、一部棄却〕

素因減額	0%

被害者	症状固定時52歳・女・無職
被害態様	骨折の重症化や治療の長期化
素因	関節リウマチによる骨脆弱性
判決要旨	交通事故の加害者が、被害者は関節リウマチによる骨脆弱性により症状が重症化したとして、素因減額を主張したことにつき、被害者の骨質が、本件事故による被害者の骨折の重症化や、治療の長期化に寄与する程度に低下していたかや、それが寄与したとしてもその程度は明らかではないというほかないとして、素因減額をすることが相当であるとまではいえないとされた事例。

250

東京地裁平成25年7月31日判決［28213897］
◆自保ジャ1906号46頁
〔棄却〕

素因減額	0%

被害者	事故時33歳・女・婦人服販売会社勤務
被害態様	中心性頸髄損傷
素因	頭痛や嘔気
判決要旨	交通事故の被害者が、本件事故前から頭痛や嘔気を訴えていたことにつき、本件事故発生日までの通院経過や就労状況に照らし、このような症状を疾患と評価することは困難であり、加害者に損害の全部を賠償させることが公平を失するとまでいうことはできないとして、素因減額が否定された事例。

251

名古屋地裁平成22年5月14日判決［28173680］
◆交通民集43巻3号608頁／自保ジャ1834号117頁
〔一部認容、一部棄却〕

素因減額	0%

被害者	症状固定時45歳・男・給与所得者
被害態様	交通事故に遭い、その後右耳聴力が急激に悪化
素　因	左耳に既往の高度の難聴
判決要旨	1　左耳に既往の高度の難聴があり、既往の左耳難聴の存在から、右耳の聴力も徐々に悪化していた男性（症状固定時45歳・給与所得者）が、交通事故に遭い、その後右耳聴力が急激に悪化した場合に、本件事故がなければ右耳難聴の急激な憎悪はなく、右耳の難聴にかかる治療を受ける必要はなかったとして、右耳難聴にかかる治療費、補聴器、及び治療のための休業損害について、素因による減額をしないのが相当であるとされた事例。 2　前記の場合に、後遺障害慰謝料及び後遺障害逸失利益についても、既往の障害から後遺障害が重くなった分を考慮して慰謝料額を認定していること、被害者の右耳の難聴は事故前から徐々に憎悪していたことは認められるものの、本件事故がなかった場合に、就労可能年数のうちに現在のような高度の難聴になったとまでは認められないことから、素因による減額をするのは相当ではないとされた事例。

判例INDEX

第1 交通事故

III 別件事故での受傷

252

大阪地裁平成25年10月3日判決［28222204］
◆自保ジャ1918号158頁
〔一部認容、一部棄却〕

素因減額	50%

被害者	45歳・男・鉄道会社勤務
被害態様	左環指の神経症状（14級9号）
素因	前事故により傷害（左環指脱臼）を負い、本件事故により再発
判決要旨	交通事故被害者の素因につき、被害者は前事故により傷害（左環指脱臼）を負い、本件事故により再発したところ、本件事故の衝撃そのものは小さかったこと、前事故による傷害の治癒が遅れた等の事情もないこと、被害者の後遺障害が同等級の障害と比べても比較的軽微であることなどから、被害者の損害について50パーセントの減額を行うことが相当とされた事例。

253

神戸地裁平成14年12月16日判決［28090127］
◆交通民集35巻6号1663頁
〔一部認容、一部棄却（1310号）、一部認容、一部棄却（1966号）〕

素因減額	50%

被害者	症状固定時46歳・女・スナックのカウンターレディー
被害態様	頸椎捻挫ないし右頸椎神経根損傷に基づく後遺障害（後遺障害等級14級10号）
素因	本件事故前の事故の影響等で頸部・腰部の傷害に罹患しやすい状態にあったこと
判決要旨	交通事故により被害車運転者及び被害車同乗者に生じた頸部・腰部等の傷害並びに、被害車同乗者に残存した頸椎捻挫ないし右頸椎神経根損傷に基づく後遺障害(後遺障害等級14級10号)につき、本件事故の軽微な衝突衝撃のみでは被害者らの症状発生が考え難いこと、被害者らは本件事故前の事故の影響等で頸部・腰部の傷害に罹患しやすい状態にあったと推認されること、本件事故前から存する被害者らの身体的素因が症状発生及び拡大に相当程度寄与していることから、民法722条2項を類推適用し、本件事故と相当因果関係のある損害額から5割を減額するのが相当とされた事例。

254

福岡高裁平成27年5月13日判決［28232692］
◆自保ジャ1946号1頁
〔控訴棄却〕

素因減額	40％（過失相殺と併せて）

被害者	年齢不明・男・職業不明
被害態様	交差点付近の路上において、バス停から発進して第1車線を進行したバスに、第2車線から左折した普通乗用車が衝突し、バスの乗客である被害者（年齢不明・男・職業不明）が外傷性頚部症候群、腰椎捻挫の傷害を負った事故
素因	別件事故による受傷
判決要旨	交差点付近の路上において、バス停から発進して第1車線を進行したバスに、第2車線から左折した普通乗用車が衝突し、バスの乗客である被害者（年齢不明・男・職業不明）が外傷性頚部症候群、腰椎捻挫の傷害を負った事故につき、本件事故後に出現した症状には、別件事故による受傷が強い影響を及ぼしているとみるのが相当であるとして、素因減額をした原審の判断が維持された事例。
上下審	**上告審**：最高裁平成27年10月13日決定［28263893］〔不受理〕 **第一審**：熊本地裁平成26年11月27日判決／自保ジャ1946号6頁［28232693］〔棄却〕

255

名古屋地裁平成15年2月28日判決［28090727］
◆交通民集36巻1号279頁
〔一部認容、一部棄却〕

素因減額	40%

被害者	症状固定時46歳・男・消防職員
被害態様	頭部・頸部・肩部・腰部の疼痛、悪心、吐き気等を訴え、めまい、耳鳴り等の後遺障害
素因	本件事故の2年前に遭遇した事故及び睡眠時無呼吸症候群等の既往症・素因
判決要旨	追突事故後に被害者が頭部・頸部・肩部・腰部の疼痛、悪心、吐き気等を訴え、めまい、耳鳴り等の後遺障害が発生した場合に、被害者が本件事故の2年前に遭遇した事故及び睡眠時無呼吸症候群等の既往症・素因が前記症状の発現に寄与、加功した程度は本件事故より高いとまではなし難いけれども、本件事故の寄与・加功の程度にかなり近い程度に達しているものとして、損害の公平な分担の趣旨により、民法722条の規定を類推適用して4割の減額がなされた事例。

256

東京地裁平成26年11月18日判決［28240086］
◆交通民集47巻6号1415頁
〔一部認容、一部棄却〕

素因減額	30%

被害者	症状固定時48歳・男・会社員
被害態様	頸椎捻挫後の頭痛等後遺障害等級14級9号の後遺障害
素因	前事故及び本件事故による受傷部位が同一であること
判決要旨	交通事故により受傷した被害者（症状固定時48歳・男・会社員）につき、前事故及び本件事故による受傷部位が同一であることから、被害者の本件事故による傷害、後遺障害の発症又は悪化には、前事故による後遺障害の影響があるものと認められるとして、当事者の公平の観点から、3割の素因減額がされた事例。

257

大阪地裁平成26年4月10日判決［28224733］
◆自保ジャ1930号126頁
〔一部認容、一部棄却〕

素因減額	20%

被害者	症状固定時69歳・男・介護タクシー業自営
被害態様	頸椎捻挫等の傷害を負い、頸部痛や腰痛、右手のしびれ等の症状が残存（自賠等級14級9号）
素因	事故の約1年3か月前に別件事故に遭い外傷性頸部症候群を受傷して頸部痛などの神経症状（14級9号）を残していること、前事故による通院打ち切りから事故まで約3か月しか経過していないこと、痛みがまだ残っている状況にあること、本件事故による症状の部位内容は前事故のそれとほぼ一致していること
判決要旨	交通事故被害者の後遺障害につき、被害者は事故の約1年3か月前に別件事故に遭い外傷性頸部症候群を受傷して頸部痛などの神経症状（14級9号）を残していること、前事故による通院打ち切りから事故まで約3か月しか経過していないこと、痛みがまだ残っている状況にあること、本件事故による症状の部位内容は前事故のそれとほぼ一致していることから、損害額の2割を素因として減額するとされた事例。

258

大阪地裁平成23年2月18日判決［28175879］
◆交通民集44巻1号216頁／自保ジャ1859号94頁
〔一部認容、一部棄却〕

素因減額	20%

被害者	42歳・女・主婦兼不動産業
被害態様	交通事故により妊娠中に受傷し、頸椎、腰椎及び右肩打撲に基づく頸部緊張感、右手掌部・手背部全体のしびれ、右上肢全体のしびれ並びに腰部痛、腰のだるさ、両下肢牽引痛及び両下肢のしびれの症状
素因	事故前の2度の事故、既往症である外傷性髄液漏れ、腰椎椎間板狭窄症
判決要旨	交通事故により受傷した被害者につき、本件事故前に2度の事故により本件事故と共通する部分の痛みを訴えており、少なくとも、従前2度の事故と、既往症である外傷性髄液漏れ、腰椎椎間板狭窄症が影響していたとして、被害者の損害の20パーセントが素因減額された事例。

259

神戸地裁平成13年5月18日判決［28072179］
◆交通民集34巻3号632頁
〔一部認容、一部棄却〕

素因減額	20%

被害者	年齢不明・女・職業不明
被害態様	前の事故による傷害（右上下肢傷害）の通院治療中に本件事故に遭った被害者の傷害（左上下肢不全麻痺）及び後遺障害（股関節・膝関節等可動域制限、左上下肢知覚鈍麻等、9級）
素因	前の事故による受傷
判決要旨	前の事故による傷害（右上下肢傷害）の通院治療中に本件事故に遭った被害者の傷害（左上下肢不全麻痺）及び後遺障害（股関節・膝関節等可動域制限、左上下肢知覚鈍麻等、9級）につき、前の事故による受傷が本件事故による障害の発生ないしは拡大に影響を及ぼしたものと認められるとして、その素因として損害額の2割が減額された事例。

260

神戸地裁昭和59年11月29日判決［27490153］
◆判時1143号130頁／判タ548号245頁
〔一部認容〕

素因減額	20%

被害者	年齢不明・男・靴底材料の加工販売業
被害態様	第1事故により頸椎捻挫等の傷害を受けた被害者が、約5か月後に本件事故により頸椎捻挫等の傷害を負った事故
素因	第1事故による病的素因
判決要旨	第1事故により頸椎捻挫等の傷害を受けた被害者が約5か月後に当該事故に遭い頸椎捻挫等の障害を負った事案につき、被害者の事故前の第1事故による病的素因が後の事故の損害発生に寄与しているものであり、損害の公平な負担の理念により素因の寄与度に応じて損害を減額すべきであるとして、損害額の2割を減額するのが相当であるとされた事例。

261

大阪地裁平成 27 年 7 月 7 日判決［28243180］

◆交通民集 48 巻 4 号 851 頁

〔一部認容、一部棄却〕

素因減額	10%

被害者	症状固定時 24 歳・男・事故当時アルバイト、事故後ホステス送迎の仕事に従事
被害態様	右股関節唇損傷及び変形性股関節症を受傷し、右股関節痛・可動域制限の症状が残存
素因	本件事故のみによって生じたものではなく、別件事故による疾患と相まって症状が発現するに至ったものであること
判決要旨	1　交通事故により右股関節唇損傷及び変形性股関節症を受傷し、右股関節痛・可動域制限の症状が残存した被害者につき、被害者の右股関節に関する症状は、本件事故のみによって生じたものではなく、別件事故による疾患と相まって症状が発現するに至ったものであることなどから、被害者の右股関節に関する損害の全部を本件事故の加害者に賠償させるのは公平を失するとして、素因減額が認められた事例。 2　被害者の症状については、本件事故の影響が主であることが明らかと認められることなどから、被害者の前記素因が本件事故後の症状の発現に寄与した程度は限定的であったとして、1割の減額が認められた事例。

262

大阪地裁平成10年4月17日判決［28041098］
◆交通民集31巻2号584頁
〔一部認容、一部棄却〕

素因減額	10%

被害者	症状固定時52歳・男・電気通信工事会社作業主任
被害態様	頭部外傷2型、頸椎捻傷、両上肢不全麻痺等の傷害を負い後遺障害を残した事故
素因	本件事故の約1年前の事故による後遺障害
判決要旨	1　交通事故により傷害を負い、後遺障害を残した被害者（男・症状固定時52歳・電気通信工事会社作業主任）につき、本件事故の約1年前の事故により後遺障害を残していたものであり、また前回事故前から頸椎に骨棘による神経根圧迫が存していたものであったが、本件事故後に症状が増悪したものであること、症状増悪は加齢変性の進行によるものではなく本件事故による外傷の影響を無視できないと医師は考えていることから、本件事故とその後の症状との相当因果関係が認められ、更に頸椎・骨盤骨変形との間の相当因果関係が認められた事例。 2　上記被害者につき、頸椎神経根圧迫の素因は本件事故と共に原因となって症状の発生及び持続に影響を与えていること、本件事故前に医師は将来的には手術が必要である旨診断していること等から、民法722条2項を類推適用して1割の減額がされた事例。

263

奈良地裁五條支部平成24年12月19日判決
[28213027]
◆自保ジャ1902号47頁
〔一部認容、一部棄却〕

素因減額	0%

被害者	51歳・男・土木作業
被害態様	頸部痛
素因	前事故による頸部の後遺障害
判決要旨	交通事故により頸部痛の症状を生じた被害者の素因につき、被害者は前事故により頸部に関して後遺障害を残したとされているところ、同障害の認定が20年ほど前であること、本件事故以前に就労制限の原因となる症状が認められないことなどから、前事故による後遺障害を理由とした本件事故による後遺症による損害について、減額をすることは相当でないとされた事例。
上下審	**控訴審**：大阪高裁平成25年7月11日判決/自保ジャ1902号40頁［28213026］〔控訴棄却〕

264

金沢地裁平成24年2月28日判決［28212597］
◆自保ジャ1900号141頁
〔一部認容、一部棄却〕

素因減額	0%

被害者	49歳・男・会社代表取締役
被害態様	外傷性頚部症候群等の傷害による外傷性頚神経損傷等の後遺障害（14級9号）
素　因	25年以上前の前事故による後遺障害（後部頭痛等）
判決要旨	追突事故により、被害者が外傷性頚部症候群等の傷害を負い、外傷性頚神経損傷等の後遺障害（14級9号）を残した事案につき、被害者は25年以上前の前事故による後遺障害（後部頭痛等）を残しているが、前事故による後遺障害が14級という軽微なものであること、前事故より25年以上経過していること、本件事故以前の相当前の段階で特段の身体的不自由のない程度に軽快ないし治癒していたと認められることから、被害者に現存する後遺障害は本件事故によって生じたものであり、素因減額を認めることはできないとされた事例。

判例INDEX

第2　交通事故以外
（労働災害、医療事故、学校事故等）

I　精神的・心因的要因

265

福岡高裁平成23年12月15日判決［28180003］
◆判時2164号61頁
〔一部取消、一部控訴棄却〕

素因減額	60%

被害者	41歳・主婦
被害態様	いすの脚部分の溶接不具合により第5腰椎椎弓骨折の傷害を負いその後うつ病を発症
素因	心因的要素
判決要旨	いすの脚部分の溶接不具合により第5腰椎椎弓骨折の傷害を負いその後うつ病を発症した被害者につき、事故とうつ病との間に因果関係が認められた事案で、被害者の不安等の発症要因は、いずれもそれ自体は事故による傷害が発生した際に多かれ少なかれ見られるものであり、直接の傷害である第5腰椎椎弓骨折は重いものとはいえないことなどから、うつ病が後遺障害として残存したことは被害者の心因的要素が大きく寄与したものといえるとして、民法722条2項を類推適用して6割の素因減額が認められた事例。
上下審	**第一審**：福岡地裁小倉支部平成23年2月24日判決／判時2164号64頁［28180002］〔一部認容、一部棄却〕

266

名古屋高裁平成 20 年 1 月 29 日判決［28142293］
◆労働判例 967 号 62 頁
〔一部認容（原判決一部取消し）、一部棄却（901 号）、棄却（73 号、93 号）〕

素因減額	60%

被害者	年齢不明・男・会社従業員
被害態様	上司から暴行及び暴言を受けたことにより妄想性障害に罹患
素因	本人の性格的傾向
判決要旨	1　加害行為と発生した損害との間に因果関係が認められる場合であっても、その損害が加害行為によって通常生じる程度や範囲を超えるものであり、かつ、その損害の拡大についての被害者側の心因的要素等が寄与している場合には、損害の公平な分担の見地から、民法 722 条 2 項の過失相殺の規定を類推適用し、損害の拡大に寄与した被害者側の過失を斟酌することが相当である。 2　会社の従業員が、上司から暴行及び暴言を受けたことにより妄想性障害に罹患した事案で、本件従業員の障害の発生及びその持続には、本人の性格的傾向による影響が大きいとして、60 パーセントの素因減額が認められた事例。
上下審	**第一審**：名古屋地裁平成 18 年 9 月 29 日判決 / 判タ 1247 号 285 頁 / 労働判例 926 号 5 頁 / 裁判所ウェブ掲載判例［28112500］〔一部認容、一部棄却〕

267

大阪地裁平成19年11月7日判決［28150178］
◆判時2025号96頁
〔一部認容、一部棄却〕

素因減額	50%

被害者	86歳・女
被害態様	痴呆症介護施設に入居中の高齢者が自室のベッドから転落して負傷した事故（後遺障害等級10級）
素因	痴呆症状
判決要旨	グループホームを管理運営する介護事業者が、入居者がベッドから転落しないよう防止対策を講ずべき入居契約上の安全配慮義務を履行しなかったとして、転落事故によって入居者に生じた治療費、入院慰謝料、後遺障害慰謝料等の賠償を認めたものの、後遺障害を生じたことに対して入居者の痴呆症状が寄与したとして、5割の素因減額がなされた事例。
評釈	▶加々美光子・月刊民事法情報274号40～44頁2009年7月

268

名古屋地裁平成14年9月11日判決［28080405］
◆判タ1150号225頁／裁判所ウェブ掲載判例
〔一部認容、一部棄却〕

素因減額	40%

被害者	49歳・男
被害態様	犬にかまれた事故以降、抑うつ状態が続き気力の低下、犬を見るとパニック状態に陥り過呼吸を起こすなど外傷後ストレス障害（PTSD）を発症
素　因	性格などの心因的素因
判決要旨	犬にかまれた事故以降、抑うつ状態が続き気力が低下している、犬を見るとパニック状態に陥り過呼吸を起こすなど外傷後ストレス障害（PTSD）を発症した被害者（49歳・男）につき、本件PTSD発症については、被害者の性格などの心因的素因が少なからず競合したものであるとして、過失相殺法理（民法722条）を類推適用し、逸失利益の40パーセントが減額された事例。

269

鹿児島地裁平成26年3月12日判決［28223735］
◆判時2227号77頁／労働判例1095号29頁
〔一部認容、一部棄却〕

素因減額	30%

被害者	32歳・女・市立中学校教員
被害態様	県教育センターにおける指導力向上特別研修の受講期間中に自殺
素因	対人関係にストレスをためやすい傾向
判決要旨	市立中学校教員（32歳・女）が、県教育センターにおける指導力向上特別研修の受講期間中に自殺した事案につき、本件災害は業務上の負荷と精神疾患がともに原因になっていること、前記教員には対人関係にストレスをためやすい傾向があり、これが労働者の個性の多様さとして想定される範囲を逸脱する部分も存在すること、病気休暇を取得するなど自己の健康を保持するための行動をとっていないこと等を考慮して、損害の公平な分担という理念に基づき、素因減額3割、過失相殺2割として損害賠償額が算定された事例。

270

福島地裁平成26年8月26日判決［28223610］
◆判時2237号78頁
〔一部認容、一部棄却〕

素因減額	20%

被害者	58歳・女
被害態様	原子力発電所における放射性物質放出事故により避難生活を余儀なくされた女性が焼身自殺
素因	事故後に被害者が遭遇したストレス要因
判決要旨	原子力発電所における放射性物質放出事故により避難生活を余儀なくされた女性が焼身自殺した事案につき、被害者の有する個体側の脆弱性を適切に斟酌しても、本件事故後に被害者が遭遇したストレス要因はいずれも一般人に対して強いストレスを生じさせると客観的に評価できるとして、それが被害者の自死に至る準備状態の形成に寄与した割合が8割、被害者の心因的要因を理由とする減額割合が2割とされた事例。

評　釈	▶向川純平・法と民主主義 492 号 48 ～ 49 頁 2014 年 10 月 ▶水野謙・月刊法学教室 412 号 55 ～ 61 頁 2015 年 1 月 ▶神戸秀彦・法律時報 87 巻 3 号 106 ～ 111 頁 2015 年 3 月 ▶富田哲・行政社会論集〔福島大学〕27 巻 4 号 117 ～ 148 頁 2015 年 3 月 ▶小柳春一郎・速報判例解説〔16〕（法学セミナー増刊）83 ～ 86 頁 2015 年 4 月 ▶松嶋隆弘・法律のひろば 68 巻 10 号 62 ～ 71 頁 2015 年 10 月 ▶日本大学商事法研究会／編／川村佑紀・月刊税務事例 48 巻 2 号 56 ～ 63 頁 2016 年 2 月

271

東京高裁平成 15 年 3 月 6 日判決［28081764］
◆判時 1830 号 42 頁
〔原判決変更、一部認容、一部棄却〕

素因減額	10%

被害者	27 歳・女・家庭教師
被害態様	電車内で男性から下腹部を足蹴りされるという暴行を受けたことによる PTSD 等の後遺障害
素因	心因的要素
判決要旨	電車内で男性から下腹部を足蹴りされるという暴行を受け、PTSD 等の後遺障害を受けた女性（27 歳・家庭教師）について、被害者は、事件後 10 年間にわたり労働能力の 40 パーセントを喪失したもの（ただし、素因減額として 10 パーセントを減じる）として、賃金センサス第 1 巻第 1 表産業計・企業規模計・学歴計・女子労働者の平均給与額を基準としてその逸失利益が算定された事例。
上下審	**第一審**：東京地裁平成 12 年 2 月 17 日判決 / 判時 1830 号 50 頁［28082613］〔一部認容、一部棄却〕

272

京都地裁平成28年4月12日判決［28241432］
◆判時2300号129頁／労働判例1139号5頁
〔一部認容、一部棄却〕

素因減額	0%

被害者	症状固定57歳・男・調理師
被害態様	宗教法人が運営する宿泊・飲食施設の調理人が、長時間労働を強いられたために抑うつ神経症を発症して就労不能に陥った事故
素因	過去の抑うつ神経症の治療
判決要旨	宗教法人が運営する宿泊・飲食施設の調理人が、長時間労働を強いられたために抑うつ神経症を発症して就労不能に陥ったことにつき、使用者である宗教法人に不法行為に基づく損害賠償責任が認められた事案で、本件調理人が過去に抑うつ神経症の治療を受けたことがあったとしても、同種の業務に従事する労働者の個性の多様さとして通常想定される範囲を外れる同疾患への親和性、脆弱性等の特性を有していたとはいえないとして、過失相殺又は素因減額が否定された事例。
評釈	▶塩見卓也・労働法律旬報1866号38～39頁2016年6月25日

273

静岡地裁平成28年3月24日判決［28241168］
◆判時2319号86頁
〔一部認容、一部棄却〕

素因減額	0%

被害者	34歳・女
被害態様	点滴ルート確保のために左腕に末梢静脈留置針の穿刺を受けた患者が、本件穿刺行為によってＣＲＰＳに罹患
素因	心因的要因
判決要旨	点滴ルート確保のために左腕に末梢静脈留置針の穿刺を受けた患者が、本件穿刺行為によってＣＲＰＳに罹患した事案で、本件患者にＣＲＰＳの発症及び悪化に影響を与えるほどの心因的要因が存在したとまで認めることは困難であるとして、素因減額が否定された事例。
上下審	**上告審**：最高裁平成29年10月26日決定［28260434］〔不受理〕 **控訴審**：東京高裁平成29年3月23日判決［28260433］〔原判決変更自判〕
評釈	▶医療判例解説65号34～41頁2016年12月

274

広島高裁松江支部平成27年3月18日判決[28231433]
◆判時2281号43頁／労働判例1118号25頁
〔原判決変更〕

素因減額	0%

被害者	医師
被害態様	公立病院の勤務医師がうつ病に罹患し自殺
素　因	能力や性格等の心因的要素
判決要旨	公立病院の勤務医師がうつ病に罹患し自殺したことにつき、病院運営者たる本件組合に国家賠償法1条に基づく責任が認められた事案において、本件医師の能力や性格等の心因的要素が通常想定される範囲を外れるものであったと認められず、また、同人から転属を願い出る等しなかったことを捉えて同人の落ち度とはいえないなどとして、過失相殺又は素因減額が認められなかった事例。
上下審	上告審：最高裁平成28年3月16日決定［28241215］〔棄却、不受理〕 第一審：鳥取地裁米子支部平成26年5月26日判決／判時2281号55頁／労働判例1099号5頁［28222505］〔一部認容、一部棄却〕
評　釈	▶山下昇・法学セミナー61巻1号117頁2016年1月

275

東京高裁平成21年7月28日判決［28153356］
◆労働判例990号50頁／労働経済判例速報2050号3頁
〔一部認容（原判決一部変更）、一部棄却〕

素因減額	0%

被害者	23歳・男・派遣労働者
被害態様	精密機器製造会社で完成品検査作業に従事していた労働者がうつ病を発症し自殺
素因	非常にまじめで責任をもって仕事をする人物であったこと
判決要旨	1　当該業務に従事する特定の労働者の性格が同種の業務に従事する労働者の個性の多様さとして通常想定される範囲を外れるものでない場合には、裁判所は、業務の負担が過重であることを原因とする損害賠償請求において使用者の賠償すべき額を決定するに当たり、その性格及びこれに基づく業務遂行の態様等を心因的要因として斟酌することはできない。 2　精密機器製造会社で完成品検査作業に従事していた労働者がうつ病を発症し自殺した事案において、本件労働者が非常にまじめで責任をもって仕事をする人物であったことについて、素因減額が認められなかった事例。
上下審	**第一審**：東京地裁平成17年3月31日判決／判時1912号40頁／判タ1194号127頁／労働判例894号21頁／労働経済判例速報1910号3頁［28101600］〔一部認容、一部棄却〕

▼

評　釈	▶本久洋一・法学セミナー 55 巻 1 号 133 頁 2010 年 1 月 ▶本久洋一・労働判例 991 号 6 ～ 13 頁 2010 年 1 月 1 日 ▶岩出誠・ジュリスト 1414 号 250 ～ 253 頁 2011 年 1 月 1 日 ▶川人博・労働法律旬報 1707 号 36 ～ 38 頁 2009 年 11 月 10 日

276

東京地裁八王子支部平成20年5月29日判決[28150216]
◆判時2026号53頁／判タ1286号244頁
〔一部認容、一部棄却〕

素因減額	0%

被害者	小学校3年生・自閉症児
被害態様	体育授業の準備中に体育館の倉庫に無断で入ったことを担任教諭から叱責されて倉庫の扉を閉められたために、倉庫窓から脱出しようとして転落
素因	自閉症児
判決要旨	市立小学校の心身障害児学級に在籍していた自閉症児が、体育授業の準備中に体育館の倉庫に無断で入ったことを担任教諭から叱責されて倉庫の扉を閉められたために、倉庫窓から脱出しようとして転落したことについて、市の国家賠償責任が認められた事案で、本件被害児童が自閉症児であることを理由に素因減額ないし過失相殺をすることはできないとされた事例。
評釈	▶清水建夫・賃金と社会保障1474号23～31頁2008年9月25日

判例INDEX

第2 交通事故以外
（労働災害、医療事故、学校事故等）

Ⅱ 体質的・身体的素因

277

大阪高裁平成28年12月22日判決［28250356］
◆判時2331号31頁
〔原判決変更、附帯控訴棄却〕

素因減額	70%

被害者	症状固定時13歳・女
被害態様	市立中学校のバドミントン部の練習中に熱中症に罹患し脳梗塞を発症して後遺障害等級12級（指先などの局部に頑固な神経症状を残すもの）の後遺障害が残った事故
素因	プロテインS欠乏症
判決要旨	市立中学校のバドミントン部の練習中に熱中症に罹患し脳梗塞を発症して後遺障害等級12級（指先などの局部に頑固な神経症状を残すもの）の後遺障害が残った被害者（症状固定時13歳・女）につき、被害生徒のプロテインS欠乏症が脳梗塞の発症及びその重篤化に相当大きく寄与しているとして、70パーセントの素因減額をした第一審の判断が維持された事例。
上下審	**第一審**：大阪地裁平成28年5月24日判決／判時2331号36頁／裁判所ウェブ掲載判例［28244391］〔一部認容、一部棄却〕
評釈	▶住友剛・季刊教育法196号128～133頁2018年3月

278

甲府地裁平成23年6月16日判決［28175985］
◆判時2130号104頁
〔棄却〕

素因減額	70%

被害者	年齢不明・女・整骨院事務職員
被害態様	整骨院で整体師として働くも正式な資格のない者の練習相手として同人の施術を受けたところ、腰椎症等を発症して2年以上の通院治療を受診
素因	既往症（腰に持病）等
判決要旨	整骨院の事務職員が、同整骨院で整体師として働くも正式な資格のない者の練習相手として同人の施術を受けたところ、腰椎症等を発症して2年以上の通院治療を受けたという事案で、被害者の損害が本件施術によることを認めるとしても、その既往症等も考慮して、70パーセント程度の大幅な素因減額を認めるべきとされた事例。

279

札幌高裁平成21年1月30日判決［28150465］
◆労働判例976号5頁／労働経済判例速報2030号13頁
〔一部認容（原判決一部変更）、一部棄却〕

素因減額	70%

被害者	58歳・男・電信電話会社従業員
被害態様	急性心筋虚血で死亡
素因	基礎疾患である陳旧性心筋梗塞
判決要旨	電信電話会社従業員（58歳・男）の急性心筋虚血による死亡につき、基礎疾患が自然的経過を超えて増悪する要因に応じて責任を負うべきところ、基礎疾患である陳旧性心筋梗塞の発症については遺伝的素因が原因の大半を占めており、50歳代の男性を死亡に至らせる確率が高い疾患であることから、本件従業員の死亡については基礎疾患の存在が原因の大半を占めるとして、長期にわたる出張の連続により疲労の回復が不十分となり、基礎疾患を自然的経過を超えて増悪させたことは死亡の原因のうち30パーセントを占めるとするのが相当であるとして、70パーセントの減額が認められた事例。

上下審	**上告審**：最高裁平成20年3月27日判決／最高裁判所裁判集民事227号585頁／裁判所時報1457号1頁／判時2003号155頁／判タ1267号156頁／労働判例958号5頁／労働経済判例速報2006号3頁／裁判所ウェブ掲載判例［28140719］〔破棄差戻し〕 **控訴審**：札幌高裁平成18年7月20日判決／労働判例922号5頁／労働経済判例速報2006号13頁／裁判所ウェブ掲載判例［28111743］〔棄却〕 **第一審**：札幌地裁平成17年3月9日判決／判タ1214号205頁／労働判例893号93頁／労働経済判例速報1899号20頁／裁判所ウェブ掲載判例［28100723］〔一部認容、一部棄却〕
評釈	▶開本英幸・法律時報82巻2号124～127頁2010年2月

280

奈良地裁葛城支部平成11年2月1日判決［28060235］
◆判時1730号77頁
〔一部認容、一部棄却〕

素因減額	70%

被 害 者	中学3年生・男
被害態様	昼食時間中に暴行を受け傷害（外傷性環軸椎亜脱臼等）を受傷
素　　因	先天的頭蓋頸椎移行部奇形
判決要旨	先天的頭蓋頸椎移行部奇形の素因を持ち、知的障害のある中学3年生（男）が、昼食時間中に暴行を受け傷害（外傷性環軸椎亜脱臼等）を負った事案で、加害者に傷害に起因する損害のすべてを負担させることは公平を欠くとし、被害者の素因の寄与率を7割とし、民法722条2項を類推適用して、損害賠償額が減額された事例。

281

神戸地裁平成19年9月26日判決［28141094］
◆判時1999号89頁
〔一部認容、一部棄却〕

素因減額	60%

被害者	29歳・男・自衛隊員
被害態様	演習場での徒歩行進訓練に参加した自衛隊員が冠状動脈閉塞症により死亡
素因	体質的に攣縮を起こしやすい状態、心肥大や肥満傾向、喫煙習慣等
判決要旨	演習場での徒歩行進訓練に参加した自衛隊員が冠状動脈閉塞症により死亡したことにつき、訓練に参加させた隊長に過失が認められるが、他方本件隊員も、体質的に攣縮を起こしやすい状態であったうえ、心肥大や肥満傾向、喫煙習慣等も致死的な不整脈の発生等に悪影響を与えていたことから、本件隊員の素因が大きく寄与しており、過失相殺の類推により減額するのが相当であるとし、受診内容の報告懈怠等を併せ、60パーセントの相殺が認められた事例。

282

大阪地裁堺支部平成15年4月4日判決［28081820］
◆判時1835号138頁／判タ1162号201頁／労働判例854号64頁
〔一部認容、一部棄却〕

素因減額	50%

被害者	52歳・男・建物リフォーム工事会社の社員
被害態様	勤務中に発作を起こして急性心臓死
素因	拡張型心筋症の基礎疾患
判決要旨	1　拡張型心筋症の基礎疾患を有する社員の急性心臓死について、代表取締役の不法行為責任と会社の安全配慮義務違反が認められた事案で、社員本人にも拡張型心筋症の増悪を放置した過失があるとして民法722条2項の適用が認められた事例。 2　前記事案で、本件社員の拡張型心筋症は体質的素因であるとして、民法722条2項の類推適用が認められ、前記過失と併せて損害の5割が減額された事例。
評釈	▶蓮井俊治・平成15年度主要民事判例解説（判タ臨時増刊1154）296～297頁2004年9月

283

東京地裁平成7年9月18日判決［28011133］

◆判タ914号225頁

〔一部認容、一部棄却〕

素因減額	50%

被害者	症状固定時57歳・女・付添婦
被害態様	子宮筋腫手術の縫合の過失による腹壁瘢痕ヘルニア
素因	筋膜が弱かった等の素因
判決要旨	1　医師が、子宮筋腫手術の縫合に際し、膀胱上の腹膜で縫合したこと、膀胱頂部を縫合したこと、網膜が出ているのにそのまま縫い合わせて網膜と小腸を腹膜に癒着させ、筋膜も癒着させるという過失と腹壁瘢痕ヘルニアとの間には因果関係があるが、腹壁弛緩症との間には因果関係はない。 2　右腹壁瘢痕ヘルニアは筋膜が弱かった等の素因も競合的に寄与していることから、過失相殺の法理の類推により損害の50パーセントを減額するのが相当である。

284

名古屋高裁昭和 57 年 9 月 29 日判決［27405823］
◆判時 1057 号 34 頁 / 判タ 480 号 74 頁
〔一部変更〕

素因減額	50%
被害者	未熟児
被害態様	未熟児網膜症により失明
素因	網膜の未熟性が素因となり、被害者の生命を救うための酸素投与が誘因となつて発生
判決要旨	未熟児網膜症により失明した被害者の逸失利益の算定に当り、右疾病が被害者のしたことを指摘し、過失相殺の法理を類推適用して、5 割が減額された事例。
上下審	**上告審**：最高裁昭和 63 年 3 月 31 日判決 / 最高裁判所裁判集民事 153 号 603 頁 / 判時 1296 号 46 頁 / 判タ 686 号 144 頁 / 金融・商事判例 797 号 43 頁 / 裁判所ウェブ掲載判例［27803010］〔一部破棄自判〕 **第一審**：名古屋地裁昭和 55 年 6 月 25 日判決 / 判時 993 号 79 頁 / 判タ 419 号 52 頁［27405315］〔棄却〕
評釈	▶若杉芳博・法研会論集〔愛知学院大学〕9 巻 1 号 223 ～ 235 頁 1986 年 11 月

285

神戸地裁平成20年4月10日判決［28150588］

◆労働判例974号68頁

〔一部認容、一部棄却〕

素因減額	40%

被害者	48歳・男・ホテル営業部販売グループ課長
被害態様	繁忙期の質量ともに過重な業務によって脳出血を発症
素因	血管病変があり、また、その最たる危険要因である高血圧や、関係要因である糖尿病、肥満傾向
判決要旨	ホテルの営業部販売グループ課長として主に修学旅行業務を担当していた従業員が、その繁忙期の質量ともに過重な業務によって脳出血を発症するに至ったのは、業務の軽減のために適正かつ有効な措置を怠ったホテルの安全配慮義務違反によるものとされ、休業損害、逸失利益、後遺障害慰謝料、将来の付添介護費用等の損害賠償が認められたが、従業員には発症の基礎となる血管病変があり、また、その最たる危険要因である高血圧や、関係要因である糖尿病、肥満傾向があって、発症直前の健康診断で総合的な医師の治療を受けるよう指示を受けていたにもかかわらず、閑散期において医師の診療を受けることもせず、自己の健康維持、管理に努めなかったことをもって過失相殺・素因減額し（損害額の4割）、さらに休業補償給付金、介護補償給付金、労災保険年金等を損益相殺したうえで、弁護士費用を加算してホテルに損害の賠償が命じられた事例。

286

福岡高裁平成18年7月13日判決［28130294］
◆判タ1227号303頁
〔取消、自判〕

素因減額	40%

被害者	49歳・男・広域行政事務組合職員
被害態様	入院患者が転医先で肺塞栓症により死亡
素因	心疾患を疑ってしかるべき諸要素
判決要旨	入院患者が転医先で肺塞栓症により死亡したことにつき、前医と後医それぞれに肺塞栓症を疑うことなく必要な措置をとらなかった過失が認められた事案で、当該患者には心疾患を疑ってしかるべき諸要素があったために、肺塞栓症の疑いをもつことが困難な事情があったこと、前医が転医を決断したこと自体は相当であったこと、後医にしても患者の受入れから1日も経たないうちにその容体が急変していること等から、結果に寄与した患者の素因ないしは被害者側の事情として、損害額を4割減額するのが相当とされた事例。
上下審	**第一審**：熊本地裁平成16年10月21日判決［28171208］
評釈	▶中村哲也・私法判例リマークス〔36〕＜2008〔上〕〔平成19年度判例評論〕＞（法律時報別冊）63～66頁2008年2月 ▶宇田憲司、三谷仁美・年報医事法学23号162～168頁2008年7月 ▶橋口賢一・同志社法学60巻7号（1）505～537頁2009年2月

287

東京地裁平成2年7月27日判決［27808276］
◆判時1375号84頁
〔一部認容、一部棄却〕

素因減額	40%

被害者	26歳・女
被害態様	精神病の治療のため入院していた患者が浴槽内で急性心不全により死亡
素因	心臓の低形成という身体的素因
判決要旨	精神病の治療のため入院していた患者が浴槽内で急性心不全により死亡した事故について、向精神薬の心臓血管系への副作用が直接の原因であり、心臓の低形成という身体的素因が副作用を重篤化させた因子であるとし、後者の寄与の可能性を4割として、過失相殺法理を類推適用して、損害賠償額が減額された事例。

288

津地裁昭和61年9月18日判決［27802032］
◆判時1224号96頁／判タ633号191頁
〔一部認容〕

素因減額	40%

被害者	35歳・男・陸上自衛隊勤務
被害態様	急性化膿性咽頭炎で窒息死
素因	体質的素因（咽喉痛及び嚥下困難）
判決要旨	急性化膿性咽頭炎で窒息死した自衛隊員の逸失利益算定において、患者の体質的素因の寄与を考慮して、過失相殺法理の類推適用により、40パーセントの減額がなされた事例。

289

東京地裁平成24年3月7日判決［28212107］

◆判タ1388号183頁

〔一部認容、一部棄却〕

素因減額	30%

被害者	症状固定時52歳・男・医療機械器具等の製造販売会社に商品センター長
被害態様	6か月にわたり長時間の時間外労働等の過重な業務に従事したことにより脳梗塞等を発症して高次脳機能障害等の後遺障害を残した事故
素因	数十年来の喫煙習慣があり、高脂血症に罹患、本件発症前日の飲酒
判決要旨	1　従業員（52歳・男）が6か月にわたり長時間の時間外労働等の過重な業務に従事したことにより脳梗塞等を発症して高次脳機能障害等の後遺障害を残したことにつき、会社の不法行為責任が認められた事案において、本件従業員には数十年来の喫煙習慣があり、高脂血症に罹患していたこと、また、本件発症前日の飲酒が本件疾病を誘発したことという事情に照らし、素因減額ないし過失相殺として損害額の30パーセントが減額された事例。 2　ある業務に従事する特定の労働者の性格が同種の業務に従事する労働者の個性の多様さとして通常想定される範囲を外れるものでない限り、裁判所は、業務の負担が過重であることを原因とする損害賠償請求において使用者の賠償すべき額を決定するに当たり、その性格及びこれに基づく業務遂行の態様等を心因的要因として斟酌することはできないとされた事例。

290

福岡高裁平成18年2月14日判決［28131817］
◆判時1969号68頁
〔原判決一部変更、一部控訴棄却〕

素因減額	30%

被害者	症状固定時55歳・男
被害態様	測量作業中の転落事故により後遺障害（右上下肢機能全廃・1級）を残した事故
素因	既往症（陳旧性環軸椎亜脱臼及び脊髄の不安定等）を含む身体的素因
判決要旨	測量作業中に転落事故により後遺障害（右上下肢機能全廃・1級）を残した被害者（固定時55歳・男）につき、既往症（陳旧性環軸椎亜脱臼及び脊髄の不安定等）を含む身体的素因が損害の拡大に一定程度寄与している可能性が高いとして、民法722条2項の類推適用により損害額の30パーセントが減額された事例。
上下審	**第一審**：熊本地裁平成17年5月19日判決［28171141］

291

名古屋地裁平成12年11月27日判決［28061434］
◆訟務月報48巻2号163頁／判時1746号3頁／判タ1066号104頁
〔一部認容、一部棄却〕

素因減額	30%

被害者	名古屋市、愛知県東海市及びその周辺地域に居住、勤務する者
被害態様	大気汚染による健康被害
素因	アトピー素因、喫煙
判決要旨	1　名古屋市、愛知県東海市及びその周辺地域に居住、勤務する者らに生じた大気汚染による健康被害のうち、大気汚染が原因で発病したわけではないが、これによって症状が増悪した者については、民法722条2項の類推適用により、発病の場合の2分の1の慰謝料を認めるのを原則とするのが相当である。 2　上記被害者のうち、気管支喘息の発病にアトピー素因が認められる者については、基本慰謝料額から3割の減額を行うのを原則とするのが相当である。 3　上記被害者のうち、指定疾病の発病・増悪に喫煙による影響が認められる者については、基本慰謝料額から3割の減額を行うのを原則とするのが相当である。

▼

評　釈	▶浜島裕美・自治体環境行政の最前線（環境法研究 27）133 ～ 138 頁 2002 年 7 月 ▶金炳学・早稲田法学 78 巻 2 号 429 ～ 439 頁 2003 年 1 月 ▶渡邉知行・名古屋大学法政論集 201 号 619 ～ 641 頁 2004 年 3 月 ▶加藤雅信・環境法判例百選（別冊ジュリスト 171）40 ～ 41 頁 2004 年 4 月 ▶大杉麻美・重要環境判例の最近の動向（環境法研究 29）1 ～ 6 頁 2004 年 10 月 ▶加藤雅信・環境法判例百選＜第 2 版＞（別冊ジュリスト 206）40 ～ 41 頁 2011 年 9 月

292

千葉地裁松戸支部平成26年8月29日判決[28232452]
◆労働判例1113号32頁
〔一部認容、一部棄却〕

素因減額	20%

被害者	死亡時44歳・男・工具専門商社営業所長
被害態様	使用者の安全配慮義務違反により急性心筋梗塞で死亡
素因	ブルガダ症候群の不整脈の疾患
判決要旨	使用者の安全配慮義務違反により急性心筋梗塞で死亡した被用者が抱えていたブルガダ症候群の不整脈の疾患は、死亡の決定的要因とまでは認めらないものの、その死亡に一定程度関与したと優に認められるから、損害の公平な分担という理念に照らし、民法722条2項の規定を類推適用し、素因減額（2割）するのが相当であるとされた事例。

293

大阪地裁平成 20 年 4 月 28 日判決［28150165］
◆判タ 1293 号 214 頁 / 労働判例 970 号 66 頁
〔一部認容、一部棄却〕

素因減額	20%

被害者	症状固定時 27 歳・男
被害態様	執務中に小脳出血及び水頭症を発症し四肢体幹麻痺、遷延性意識障害等の後遺障害（1 級）を残した事故
素因	小脳に存在したＡＶＭ
判決要旨	執務中に小脳出血及び水頭症を発症し四肢体幹麻痺、遷延性意識障害等の後遺障害（1 級）を残した従業員（固定時 27 歳・男）につき、小脳に存在したＡＶＭが本件発症に一定程度寄与していたとして、会社の注意義務違反の内容・程度、ＡＶＭの状況、その他諸般の事情を考慮して、民法 722 条 2 項を類推適用し、20 パーセントの素因減額が認められた事例。
上下審	**控訴審**：大阪高裁平成 23 年 2 月 25 日判決 / 労働判例 1029 号 36 頁［28174033］〔一部認容（原判決一部変更）、一部棄却〕

294

大阪地裁平成29年2月2日判決［28252951］
◆判時2346号92頁／判タ1438号172頁
〔一部認容、一部棄却〕

素因減額	0%

被害者	79歳・男・ユニット型指定短期入所生活介護事業利用者
被害態様	介護施設で深夜トイレに行こうとした際に転倒し頭部を負傷し、急性硬膜下血腫を発症し、植物状態に近い状態となり、2年9か月後に死亡
素因	脳出血及び脳梗塞の既往歴
判決要旨	ユニット型指定短期入所生活介護事業利用者が、入居していた介護施設で深夜トイレに行こうとした際に転倒し頭部を負傷し、急性硬膜下血腫を発症し、植物状態に近い状態となり、2年9か月後に死亡した事故につき、本件事業者たる社会福祉法人の職員の不法行為責任及び同社会福祉法人の使用者責任が認められた事案において、本件利用者は転倒によって強く頭部を打ち付けたことがうかがわれるから、脳出血及び脳梗塞の既往歴が急性硬膜下血腫の発生に寄与したとは認められないとして、素因減額の主張が退けられた事例。

295

大阪高裁平成 28 年 10 月 13 日判決［28250910］
◆金融・商事判例 1512 号 8 頁
〔控訴棄却〕

素因減額	0%

被害者	63 歳・男
被害態様	ホテル内のマッサージ店でマッサージを受けた宿泊客が頸椎症性脊髄症を発症し、四肢不全麻痺の後遺障害（後遺障害２級相当）を負った事故
素因	加齢による頸椎の変形や軽度から中程度の脊柱管狭窄
判決要旨	温泉付きホテル内に出店していたマッサージ店の利用客が、マッサージの施術を受けた後に歩くことができない状態となり、頸椎症性脊髄症と診断され、四肢不全麻痺の後遺障害を負った場合において、当該利用客には本件施術以前から加齢による頸椎の変形や軽度から中程度の脊柱管狭窄が存在していたとしても、これらの身体的な状態が頸椎症性脊髄症を発症していたとは認められず、また、疾患として素因減額をすべきほどの身体的状態にあったともいえないこと、また、施術者は施術を受ける者の状態を問診するなどして把握すべきであり、当該利用客が単に肩が凝っているとだけ告げて本件施術を受けたとしても、当該利用客に過失は認められないこと等から、素因減額及び過失相殺が否定された事例。

上下審	**第一審**：神戸地裁姫路支部平成28年2月10日判決 / 判時2318号142頁 / 金融・商事判例1512号20頁［28250889］〔一部認容、一部棄却〕
評　釈	▶弥永真生・ジュリスト1508号2～3頁2017年7月 ▶土岐孝宏・法学セミナー62巻9号107頁2017年9月 ▶北村雅史・月刊法学教室445号149頁2017年10月 ▶得津晶（東京大学商法研究会）・ジュリスト1515号112～115頁2018年2月 ▶清水太郎・沖縄法学〔沖縄国際大学〕46号101～110頁2018年3月 ▶武田典浩（商法研究会）・法学研究〔慶応義塾大学〕91巻6号53～62頁2018年6月 ▶滿井美江・金融・商事判例1550号16～21頁2018年10月1日

296

大阪地裁平成27年9月29日判決［28241178］
◆労働経済判例速報2269号3頁
〔一部認容、一部棄却〕

素因減額	0%

被害者	43歳・男・ミキサー車運転手
被害態様	転倒して肋骨を骨折
素因	事故以前の複数回骨折
判決要旨	1　被害者が転倒して肋骨を骨折した事故は、加害者が、ビデオ撮影している被害者の正面からかなりの早さで体を接近させ、被害者と加害者の足部分が接触するなどして、被害者がバランスを崩して転倒したと認められることから、加害者の違法な有形力の行使がその一因となって生じたものであり、加害者は被害者に対し不法行為責任を負う。 2　前記被害者が、本件事故以前にも複数回骨折をしていたとしても、それらの骨折はその事故態様に照らしありうる状況の下で生じたものであるから、素因減額は認められない。

297

東京地裁平成26年9月11日判決［28233809］

◆判時2269号38頁／判タ1422号357頁

〔一部認容、一部棄却〕

素因減額	0%

被害者	61歳・男
被害態様	くも膜下出血で緊急手術を受けた患者が、術後5日目に病院で昼食に出された蒸しパンをのどに詰まらせて窒息し、精神障害2級の後遺障害を負った事故
素因	被害車の特異体質
判決要旨	くも膜下出血で緊急手術を受けた患者が、術後5日目に病院で昼食に出された蒸しパンをのどに詰まらせて窒息し、精神障害2級の後遺障害を負った事故について、食事介助を担当していた看護師の過失が認められた事案で、本件事故により患者に障害が残ったとしても、それは同人の病的素因に基づくものであるから素因減額がされるべきとの病院側の主張が認められなかった事例。

298

東京高裁平成 25 年 7 月 3 日判決［28212193］

◆判時 2195 号 20 頁 / 判タ 1393 号 173 頁

〔原判決取消、一部認容、一部棄却〕

素因減額	0%

被害者	高校１年・男子生徒
被害態様	柔道大会のウォーミングアップ練習で他の柔道部員に投げられた際に急性硬膜下血腫を発症
素因	何らかの特有な因子による希有な症例であること
判決要旨	私立高校の部活動である柔道部に在籍していた１年生の男子生徒が、柔道大会のウォーミングアップ練習で他の柔道部員に投げられた際に急性硬膜下血腫を発症した事故について、顧問教諭の注意義務違反が認められた事案で、被害生徒の静脈洞に注ぐ架橋静脈が至る所で断裂したという主治医の面談票の記載が、複数本の架橋静脈が切れていたという意味であれば、何らかの特有な因子による希有な症例であるから素因減額がされるべきであるという高校側の主張について、理由がないとして排斥された事例。
上下審	**第一審**：横浜地裁平成 25 年 2 月 15 日判決 / 判タ 1390 号 252 頁 / 裁判所ウェブ掲載判例［28210838］〔棄却〕

299

大阪高裁平成24年12月13日判決［28212780］
◆労働判例1072号55頁
〔原判決一部変更、一部認容、一部却下、一部棄却〕

素因減額	0%

被　害　者	年齢不明・男・クレジット会社従業員
被害態様	長時間の時間外労働を余儀なくされ精神疾患に罹患
素　　因	罹患していた甲状腺の悪性腫瘍
判決要旨	月間158時間～241時間の時間外労働を余儀なくされ精神疾患に罹患したクレジット会社の従業員については、同人の性格は同種の業務に従事する労働者の個性の多様さとして通常想定される範囲を外れるものではないと認められ、同人の罹患していた甲状腺の悪性腫瘍についても、その発見・手術時期は本件精神疾患発症の8年も前の出来事であり、その後悪化していたとは認められないから、本件精神疾患発症に関しては、素因減額として考慮すべき疾患ないし心因的要因は認め難い。
上　下　審	**上告審**：最高裁平成26年3月11日決定［28271111］〔不受理〕 **第一審**：大阪地裁平成23年5月25日判決／労働判例1045号53頁［28181252］〔一部認容、一部棄却、一部却下〕
評　　釈	▶北岡大介・労働法令通信2335号18～20頁2013年12月8日 ▶戸谷義治・琉大法学91号23～44頁2014年3月 ▶植村新・民商法雑誌149巻3号93～108頁2013年12月

300

神戸地裁平成23年9月27日判決［28181677］
◆判タ1373号209頁／医療判例解説41号102頁
〔一部認容、一部棄却〕

素因減額	0%

被害者	23歳・入院患者
被害態様	カニューレが抜けかけた入院患者が低酸素脳症の増悪に至り、その後死亡
素因	低酸素脳症の既往
判決要旨	カニューレが抜けかけた入院患者が低酸素脳症の増悪に至り、その後死亡したことについて看護師の過失が認められた事案で、本件患者の低酸素脳症の既往が本件事故による低酸素脳症の増悪ないし死亡に影響を与えたと認めることはできないとして、割合的因果関係や素因減額として損害賠償額を減額すべきとはいえないとされた事例。
評釈	▶山内憲之・月刊大阪弁護士会710号46～47頁2013年8月 ▶小西知世・医事法判例百選＜第2版＞（別冊ジュリスト219）174～175頁2014年3月

301

仙台地裁平成19年10月16日判決［28140831］
◆判時1996号68頁
〔一部認容、一部棄却〕

素因減額	0%

被害者	受刑者（刑期満了時55歳・男）
被害態様	IA期の肺がんに罹患していた受刑者（刑期満了時55歳・男）が、刑務所医務官による健康診断の際に肺がんと診断されないまま、手術適応のないⅣ期の肺がんに至ったこと
素因	喫煙歴
判決要旨	IA期の肺がんに罹患していた受刑者（刑期満了時55歳・男）が、刑務所医務官による健康診断の際に肺がんと診断されないまま、手術適応のないⅣ期の肺がんに至ったことにつき、医師の過失が認められた事案で、本件受刑者の喫煙歴とIA期の肺がんとの間には一定の関係を考慮することが可能であるとしても、これがⅣ期まで進行したことは専ら本件医師の過失に原因があるというべきであるから、喫煙歴を過失相殺ないし素因減額の事情として考慮し、その損害額を減額することは相当ではない。

302

東京地裁平成18年4月20日判決［28111127］
◆判タ1225号286頁／裁判所ウェブ掲載判例
〔一部認容、一部棄却〕

素因減額	0%

被害者	68歳・女
被害態様	入浴介助をした看護師の過失により無酸素脳症となり遷延性意識障害の後遺障害を負った事故
素因	OPCAを発症していたこと
判決要旨	OPCAを発症していた患者が、入浴介助をした看護師の過失により無酸素脳症となり遷延性意識障害の後遺障害を負った事案で、OPCAが本件事故と競合する原因となって遷延性意識障害という損害が発生したと認めることはできないとして、民法722条2項を類推適用して素因減額することは相当でないとされた事例。

303

大阪高裁平成17年9月13日判決［28110568］

◆判時1917号51頁

〔変更〕

素因減額	0%

被害者	未熟児
被害態様	前置胎盤で帝王切開術により娩出された未熟児が医師の過失に基づく脳性麻痺で身体障害1級と認定された事故
素因	妊婦の前置胎盤という原疾患
判決要旨	前置胎盤で帝王切開術により娩出された未熟児が医師の過失に基づく脳性麻痺で身体障害1級と認定された事案で、妊婦の前置胎盤という原疾患を素因減額の要素として斟酌することはできないとされた事例。
上下審	**第一審**：大阪地裁堺支部平成15年2月21日判決［28171406］

304

福島地裁会津若松支部平成 12 年 8 月 31 日判決
[28060571]
◆判時 1736 号 113 頁 / 判タ 1050 号 223 頁
〔一部認容〕

素因減額	0%

被害者	患者（72 歳・女）
被害態様	病院内での転倒により、大腿骨骨折の傷害を負って歩行能力が減退、後遺障害等級２級に該当する後遺障害を残した事故
素因	骨粗鬆症に罹患していたこと
判決要旨	病院内での転倒により、大腿骨骨折の傷害を負って歩行能力が減退し、後遺障害等級２級に該当する後遺障害を残して、随時介護が必要となった患者（72 歳）への損害賠償につき、損害の発生に関して患者が骨粗鬆症に罹患していたことも寄与していたとしても、事故が老齢者も多数往来している病院内で生じており、病院施設管理者としてはそうした素因を有する者に対しても安全を図るべき義務があることなどを考慮するならば、損害額を減額することはかえって損害の公平な分担の要請に反するとされた事例。

305

大阪高裁平成12年3月8日判決［28061324］
◆判時1744号91頁
〔一部変更、一部控訴棄却〕

素因減額	0%

被害者	妻（54歳）
被害態様	夫から暴行を受けてが腰椎椎間板ヘルニアに罹患
素因	椎間板に加齢現象に基づく変性
判決要旨	夫から暴行を受けた妻（54歳）が腰椎椎間板ヘルニアに罹患した事案につき、被害者には椎間板に加齢現象に基づく変性があるが、本件暴行までに治癒していたこと、本件暴行により腰痛が発症したこと、本件暴行は故意による不法行為であること、加害者は夫として被害者の年齢を知り、以前腰が悪かったことを知りながら何回も腰を蹴ったこと等を総合勘案すると、本件において素因減額をすることは不相当であるとされた事例。
上下審	第一審：神戸地裁平成11年9月8日判決／判時1744号95頁［28061325］〔本訴認容、反訴一部認容、一部棄却〕

素因減額率別索引

素因減額率	【判例番号】・裁判年月日・［判例ID］
50%	【056】金沢地裁平成27年3月24日判決［28242204］
50%	【076】金沢地裁平成26年3月28日判決［28242686］
50%	【065】松山地裁平成26年3月7日判決［28224453］
50%	【112】京都地裁平成26年2月28日判決［28223544］
50%	【252】大阪地裁平成25年10月3日判決［28222204］
50%	【077】横浜地裁平成25年5月13日判決［28220042］
50%	【057】神戸地裁平成25年1月28日判決［28212088］
50%	【226】大阪地裁平成24年10月25日判決［28211404］
50%	【051】大阪高裁平成24年6月7日判決［28182130］
50%	【008】神戸地裁洲本支部平成24年3月22日判決［28211523］
50%	【188】大阪地裁平成23年1月27日判決［28174451］
50%	【137】京都地裁平成22年1月21日判決［28170285］
50%	【166】大阪地裁平成21年9月8日判決［28163258］
50%	【009】東京地裁平成19年11月7日判決［28142319］
50%	【267】大阪地裁平成19年11月7日判決［28150178］
50%	【086】名古屋地裁平成18年9月29日判決［28132186］
50%	【066】大阪高裁平成18年9月28日判決［28130259］
50%	【163】東京地裁平成17年1月27日判決［28111002］
50%	【138】神戸地裁平成16年8月16日判決［28101620］
50%	【282】大阪地裁堺支部平成15年4月4日判決［28081820］
50%	【253】神戸地裁平成14年12月16日判決［28090127］
50%	【167】大阪地裁平成14年11月26日判決［28090121］
50%	【185】岡山地裁平成12年4月28日判決［28061319］
50%	【113】大阪地裁平成11年12月15日判決［28060544］
50%	【010】神戸地裁平成11年9月13日判決［28052599］
50%	【114】名古屋地裁平成10年3月27日判決［28041090］
50%	【011】大阪地裁平成9年6月27日判決［28032612］
50%	【283】東京地裁平成7年9月18日判決［28011133］
50%	【147】大阪地裁平成6年2月17日判決［29006454］
50%	【067】静岡地裁平成4年10月2日判決［27814293］
50%	【284】名古屋高裁昭和57年9月29日判決［27405823］
45%	【189】大阪地裁平成14年8月29日判決［28082903］

素因減額率	【判例番号】・裁判年月日・［判例ID］
30%	【089】京都地裁平成27年５月27日判決［28233477］
30%	【175】神戸地裁平成27年３月５日判決［28233837］
30%	【164】仙台地裁平成27年１月29日判決［28232383］
30%	【204】京都地裁平成27年１月７日判決［28232802］
30%	【230】神戸地裁平成26年11月26日判決［28231640］
30%	【256】東京地裁平成26年11月18日判決［28240086］
30%	【150】大阪地裁平成26年10月31日判決［28231237］
30%	【018】京都地裁平成26年10月31日判決［28231340］
30%	【197】東京地裁立川支部平成26年10月14日判決［28231238］
30%	【090】京都地裁平成26年７月11日判決［28230307］
30%	【269】鹿児島地裁平成26年３月12日判決［28223735］
30%	【231】京都地裁平成26年２月４日判決［28223708］
30%	【176】京都地裁平成25年９月19日判決［28220230］
30%	【091】東京地裁平成25年９月10日判決［28220530］
30%	【116】名古屋地裁平成25年５月22日判決［28213902］
30%	【205】大阪地裁平成25年２月19日判決［28212445］
30%	【019】東京地裁立川支部平成24年11月30日判決［28212089］
30%	【020】新潟地裁平成24年10月30日判決［28211403］
30%	【289】東京地裁平成24年３月７日判決［28212107］
30%	【206】岡山地裁平成23年６月23日判決［28181385］
30%	【052】神戸地裁平成23年５月16日判決［28181382］
30%	【021】東京高裁平成22年９月９日判決［28174608］
30%	【207】大阪地裁平成21年９月29日判決［28163264］
30%	【140】大阪地裁平成21年６月30日判決［28161870］
30%	【086】名古屋地裁平成18年９月29日判決［28132186］
30%	【290】福岡高裁平成18年２月14日判決［28131817］
30%	【022】福岡高裁平成16年２月26日判決［28092158］
30%	【058】名古屋地裁平成14年11月20日判決［28090117］
30%	【068】函館地裁平成13年11月21日判決［28071361］
30%	【216】大阪地裁平成13年７月19日判決［28072591］
30%	【151】東京地裁平成13年４月24日判決［28071544］
30%	【291】名古屋地裁平成12年11月27日判決［28061434］

素因減額率	【判例番号】・裁判年月日・［判例ID］
30%	【023】大阪地裁平成12年５月17日判決［28061757］
30%	【117】大阪地裁平成12年５月16日判決［28061755］
30%	【092】浦和地裁平成12年３月29日判決［28061305］
30%	【118】東京地裁平成12年１月19日判決［28060962］
30%	【119】東京地裁平成11年11月30日判決［28060538］
30%	【093】大阪地裁平成11年11月４日判決［28060522］
30%	【232】大阪地裁平成11年７月１日判決［28052226］
30%	【011】大阪地裁平成９年６月27日判決［28032612］
30%	【196】大阪地裁平成８年９月27日判決［28030396］
30%	【120】大阪地裁平成８年２月２日判決［28021259］
30%	【121】大阪地裁平成７年３月30日判決［28011039］
30%	【122】大阪地裁平成７年３月22日判決［28011027］
25%	【152】名古屋地裁平成26年２月13日判決［28223119］
25%	【078】大阪地裁平成25年３月８日判決［28213172］
25%	【024】名古屋地裁半田支部平成24年９月26日判決［28213025］
25%	【025】福岡地裁平成22年５月18日判決［28174498］
25%	【079】東京地裁平成20年６月30日判決［28151486］
25%	【191】大阪地裁平成15年２月６日判決［28090723］
25%	【026】大阪地裁平成14年５月９日判決［28081917］
25%	【027】大阪地裁平成10年３月19日判決［28041067］
20%	【169】名古屋地裁平成29年６月23日判決［28260099］
20%	【141】名古屋地裁平成28年２月26日判決［28243112］
20%	【028】京都地裁平成27年11月４日判決［28241468］
20%	【177】大阪地裁平成27年７月30日判決［28240183］
20%	【153】横浜地裁平成27年７月15日判決［28234100］
20%	【178】さいたま地裁平成27年４月10日判決［28233383］
20%	【208】東京地裁平成27年３月19日判決［28232695］
20%	【161】大阪地裁平成26年11月25日判決［28231469］
20%	【292】千葉地裁松戸支部平成26年８月29日判決［28232452］
20%	【270】福島地裁平成26年８月26日判決［28223610］
20%	【257】大阪地裁平成26年４月10日判決［28224733］
20%	【233】さいたま地裁平成26年１月21日判決［28222963］

素因減額率	【判例番号】・裁判年月日・［判例ID］
20%	【234】仙台地裁平成25年11月28日判決［28222962］
20%	【179】大阪地裁平成25年８月29日判決［28221190］
20%	【069】京都地裁平成24年12月17日判決［28211592］
20%	【142】広島地裁福山支部平成24年11月19日判決［28210915］
20%	【180】名古屋地裁平成24年７月27日判決［28182334］
20%	【029】大阪地裁平成24年６月８日判決［28210158］
20%	【181】東京高裁平成24年５月31日判決［28182226］
20%	【123】横浜地裁平成24年３月１日判決［28181926］
20%	【235】さいたま地裁平成23年11月18日判決［28180643］
20%	【258】大阪地裁平成23年２月18日判決［28175879］
20%	【094】京都地裁平成22年12月14日判決［28174386］
20%	【217】広島高裁平成22年１月28日判決［28173386］
20%	【236】東京地裁平成21年３月31日判決［28161234］
20%	【293】大阪地裁平成20年４月28日判決［28150165］
20%	【237】東京地裁平成19年12月20日判決［28142330］
20%	【095】東京地裁平成19年７月27日判決［28141800］
20%	【154】大阪地裁平成19年７月26日判決［28141797］
20%	【155】名古屋地裁平成19年５月30日判決［28141403］
20%	【192】東京地裁平成18年３月29日判決［28131053］
20%	【030】名古屋地裁平成17年７月13日判決［28111779］
20%	【124】東京地裁平成15年１月28日判決［28090717］
20%	【031】東京地裁平成14年７月17日判決［28072504］
20%	【238】大阪地裁平成14年２月22日判決［28080996］
20%	【059】大阪地裁平成14年２月７日判決［28080990］
20%	【070】神戸地裁平成13年12月14日判決［28080529］
20%	【259】神戸地裁平成13年５月18日判決［28072179］
20%	【060】大阪高裁平成13年４月13日判決［28070213］
20%	【061】神戸地裁平成12年11月９日判決［28070214］
20%	【143】大阪地裁平成12年６月28日判決［28061786］
20%	【096】大阪地裁平成12年２月28日判決［28060987］
20%	【239】大阪地裁平成10年10月27日判決［28050032］
20%	【097】大阪地裁平成10年３月19日判決［28041069］

素因減額率	【判例番号】・裁判年月日・［判例ID］
10%	【127】大阪地裁平成8年7月5日判決［28030043］
10%	【080】東京地裁昭和44年9月17日判決［27422007］
5%	【101】大阪地裁平成27年3月3日判決［28232925］
5%	【182】大阪地裁平成24年5月22日判決［28210038］
1%	【243】京都地裁平成26年10月14日判決［28231641］
0%	【294】大阪地裁平成29年2月2日判決［28252951］
0%	【199】大阪地裁平成28年12月12日判決［28252268］
0%	【102】横浜地裁平成28年10月31日判決［28244340］
0%	【173】神戸地裁平成28年10月26日判決［28251512］
0%	【295】大阪高裁平成28年10月13日判決［28250910］
0%	【272】京都地裁平成28年4月12日判決［28241432］
0%	【273】静岡地裁平成28年3月24日判決［28241168］
0%	【162】神戸地裁平成28年3月17日判決［28244429］
0%	【296】大阪地裁平成27年9月29日判決［28241178］
0%	【037】横浜地裁平成27年8月26日判決［28240405］
0%	【128】京都地裁平成27年8月3日判決［28243185］
0%	【129】大阪地裁平成27年7月29日判決［28240407］
0%	【244】横浜地裁平成27年7月6日判決［28234314］
0%	【198】大阪地裁平成27年4月24日判決［28233385］
0%	【081】さいたま地裁平成27年3月20日判決［28232166］
0%	【274】広島高裁松江支部平成27年3月18日判決［28231433］
0%	【245】名古屋地裁平成27年3月11日判決［28232698］
0%	【072】東京地裁平成27年2月26日判決［28233156］
0%	【158】さいたま地裁平成27年1月16日判決［28232384］
0%	【038】大阪地裁平成26年12月4日判決［28232080］
0%	【073】横浜地裁平成26年12月2日判決［28231637］
0%	【074】鹿児島地裁平成26年11月26日判決［28232074］
0%	【082】山形地裁平成26年11月26日判決［28230304］
0%	【200】東京地裁平成26年11月20日判決［28231639］
0%	【246】京都地裁平成26年10月24日判決［28231647］
0%	【183】名古屋地裁平成26年10月22日判決［28231236］
0%	【055】大阪地裁平成26年9月12日判決［28230570］

素因減額率	【判例番号】・裁判年月日・［判例ID］
0％	【297】東京地裁平成26年9月11日判決［28233809］
0％	【103】東京地裁平成26年8月29日判決［28230308］
0％	【212】横浜地裁平成26年7月17日判決［28232952］
0％	【247】福岡地裁平成26年6月19日判決［28223072］
0％	【039】京都地裁平成26年5月20日判決［28224197］
0％	【248】福井地裁平成26年5月2日判決［28232309］
0％	【104】東京地裁平成26年4月23日判決［28231553］
0％	【130】東京地裁平成26年4月15日判決［28224736］
0％	【194】神戸地裁平成26年3月28日判決［28223711］
0％	【219】東京地裁平成26年3月27日判決［28223360］
0％	【220】大阪地裁平成26年3月27日判決［28223979］
0％	【105】大阪地裁平成26年3月26日判決［28223539］
0％	【184】大阪地裁平成26年3月20日判決［28223981］
0％	【040】高知地裁平成26年3月14日判決［28231463］
0％	【041】神戸地裁平成26年3月7日判決［28223817］
0％	【053】東京地裁平成26年2月28日判決［28223110］
0％	【249】松山地裁平成26年2月7日判決［28223118］
0％	【159】名古屋地裁平成26年1月31日判決［28222961］
0％	【131】東京地裁平成25年12月18日判決［28221952］
0％	【160】さいたま地裁平成25年12月10日判決［28221815］
0％	【083】名古屋地裁平成25年10月24日判決［28221449］
0％	【106】福岡高裁平成25年10月10日判決［28220525］
0％	【048】大阪地裁平成25年9月24日判決［28220958］
0％	【221】大阪地裁平成25年9月19日判決［28220533］
0％	【107】大阪地裁平成25年8月27日判決［28220766］
0％	【250】東京地裁平成25年7月31日判決［28213897］
0％	【298】東京高裁平成25年7月3日判決［28212193］
0％	【049】大阪地裁平成25年6月28日判決［28220529］
0％	【108】東京地裁平成25年6月20日判決［28214157］
0％	【109】千葉地裁平成25年6月5日判決［28220043］
0％	【042】佐賀地裁唐津支部平成25年2月12日判決［28213353］
0％	【132】京都地裁平成25年2月5日判決［28212840］

素因減額率	【判例番号】・裁判年月日・［判例ID］
0％	【043】名古屋地裁平成25年１月30日判決〔28211854〕
0％	【133】京都地裁平成25年１月29日判決〔28212446〕
0％	【044】東京地裁平成25年１月22日判決〔28211859〕
0％	【110】大阪地裁平成25年１月10日判決〔28212314〕
0％	【263】奈良地裁五條支部平成24年12月19日判決〔28213027〕
0％	【299】大阪高裁平成24年12月13日判決〔28212780〕
0％	【084】大阪高裁平成24年11月28日判決〔28210820〕
0％	【202】京都地裁平成24年11月26日判決〔28211510〕
0％	【144】東京地裁平成24年７月17日判決〔28182444〕
0％	【134】横浜地裁平成24年５月30日判決〔28182101〕
0％	【135】岡山地裁平成24年５月17日判決〔28212099〕
0％	【264】金沢地裁平成24年２月28日判決〔28212597〕
0％	【050】横浜地裁平成24年２月27日判決〔28210807〕
0％	【300】神戸地裁平成23年９月27日判決〔28181677〕
0％	【251】名古屋地裁平成22年５月14日判決〔28173680〕
0％	【275】東京高裁平成21年７月28日判決〔28153356〕
0％	【276】東京地裁八王子支部平成20年５月29日判決〔28150216〕
0％	【301】仙台地裁平成19年10月16日判決〔28140831〕
0％	【302】東京地裁平成18年４月20日判決〔28111127〕
0％	【303】大阪高裁平成17年９月13日判決〔28110568〕
0％	【304】福島地裁会津若松支部平成12年８月31日判決〔28060571〕
0％	【305】大阪高裁平成12年３月８日判決〔28061324〕